AF303474

Bibliografische Information der Deutschen Nationalbibliothek:

Die Deutsche Nationalbibliothek verzeichnet diese Publikation in der Deutschen Nationalbibliografie; detaillierte bibliografische Daten sind im Internet über http://dnb.d-nb.de abrufbar.

Impressum:

Copyright © 2016 Studylab

Ein Imprint der GRIN Verlag, Open Publishing GmbH

Druck und Bindung: Books on Demand GmbH, Norderstedt, Germany

Coverbild: ei8htz

Sophie Schurig

Die Haltung von Staat und Religion zur Familienplanung in Israel

Theoretische Grundlagen und empirische Daten

1. Einleitung

Israel hat eine erstaunliche demografische Entwicklung hinter sich. Waren es im Jahr der Gründung des Staates Israel, 1948, noch circa 806.000, so sind es im Jahre 2015 circa acht Millionen Menschen. Dies liegt vor allem an den hohen Zuwanderungszahlen von Menschen jüdischen Glaubens aus anderen Ländern (vgl. Übers. Verf., Elis, 2014, o.S.), sowie unter anderem auch an der hohen Geburtenrate. Im Durchschnitt gebärt jede Frau drei Kinder (vgl. Übers. Verf., Central Bureau of Statistic, 2012, S.6). Ein weiterer großer Einflussfaktor ist die neue Fortpflanzungstechnologie. Mit etwa 22.449 künstlichen Befruchtungen im Jahr 2003 (vgl. Übers. Verf., Birenbaum-Cameli/Dirnfeld, 2008, S.184) ist Israel das führende Land mit der höchsten Geburtenrate per In-vitro-Fertilisation-Behandlungen (Übers. Verf., IVF-Israel, 2015, o.S.). Familie, Tradition, Religion und staatliche Förderungen scheinen einen großen Einfluss auf den Alltag und auf die Familienplanung zu haben. Diese Entwicklungen sollen in der vorliegenden Arbeit untersucht werden. Die Ausarbeitung ist als eine Einführung in die Materie zu verstehen, welche sehr umfangreich ist und weiterer Forschungen sowie Untersuchungen bedarf. Bis dato gab es nur sehr wenige wissenschaftliche Auseinandersetzungen zu dem Thema.

Aufgrund dessen lautet die Forschungsfrage: *„Welche Haltung nehmen sowohl Staat als auch Religion im Hinblick auf die Familienplanung ein?"* Das Ziel dieser Arbeit besteht darin, zu untersuchen ob der israelische Staat mit seiner Gesundheits- und Familienpolitik einen pro-natalistischen Ansatz verfolgt, welcher eine menschliche Reproduktion befürwortet und wie dies umgesetzt wird. Zweitens wird untersucht, ob ein pro-natalistischer Ansatz mit den zwei Hauptreligionen vereinbar ist. Drittens soll die Familie und die Familienplanung näher betrachtet werden, sowie die Geburtenraten. Dabei wird besonders auf die Religionen eingegangen und deren Haltung zur Fortpflanzung.

Dazu soll zunächst ein Einblick in die staatlichen Regelungen der Familienplanung in Israel gegeben werden. Hierzu wird kurz die Geschichte des Landes aufgegriffen und der Begriff „Palästina" und „Israel" definiert. Hinzu kommen die rechtlichen Grundlagen der Verfassung und der Gesundheits- und Sozialpolitik (Kapitel 2.1). Im weiteren Verlauf werden die Religiosität und die verschiedenen religiösen Ansichten in ausgewählten Themenbereichen wie Familie, Ehe, Geburtenregulation, Abtreibung und künstliche Befruchtung betrachtet (Kapitel 2.2). In Kapitel 3 soll konkreter auf die Fragestellung eingegangen werden. Dazu werden die rechtlichen Bedingungen zu den Themen

Ehe, Verhütung, Abtreibung und künstliche Befruchtung geklärt (Kapitel 3.1). Um die Auswirkungen der rechtlichen und religiösen Bedingungen zu untersuchen, werden gezielt Statistiken zu den oben genannten Themen ausgewertet und beschrieben (Kapitel 3.2). Damit das Thema nicht nur theoretisch und abstrakt beleuchtet wird, werden Gedächtnisprotokolle und Interviews einiger israelischer Bürger_innen mit einbezogen, dort werden konkrete Fragen gestellt und von Erfahrungen gesprochen (Kapitel 3.3). Abschließend soll die Beantwortung der Fragestellung im Vordergrund stehen (Kapitel 4.1) und ein Ausblick in die Zukunft gegeben werden (Kapitel 4.2).

Zur Bearbeitung dieser Arbeit wurden empirische und theoretische Methoden genutzt. Das Thema wurde theoretisch erarbeitet mit Hilfe von Literaturrecherche und der Verarbeitung von Fachliteratur. Ebenfalls wurden qualitative Einzel- und Experteninterviews, die im Rahmen dieser Arbeit durchgeführt wurden, als explorative Untersuchung angelegt. Somit wird ein möglichst offener erster Einblick in die Thematik ermöglicht welcher einer ersten Hypothesengenerierung dient. Da es sich bei der Forschungsfrage um ein individuelles und sensibles Thema handelt, wurden die Interviews per E-Mail mit Hilfe von leitfadengestützten und strukturierenden Interviews durchgeführt. Dies gewährleistet, dass alle relevanten Aspekte der Forschungsfrage mit einbezogen werden. Ergänzend werden Gedächtnisprotokolle der Autorin hinzugefügt und amtliche Statistiken ausgewertet.

In dieser Arbeit verwendet die Autorin den Begriff Palästina mit dem Hintergrundwissen, was der Begriff „Palästina" impliziert. Die Bezeichnung verdeutlicht die geografische Lage im historischen Kontext und die Benennung eines Landes. Dies hat den Hintergrund, dass einerseits auf die Selbstbezeichnung der Palästinenser_innen eingegangen wird und andererseits die politischen Grenzen der „Green Line" von 1949 als Grundlage genommen werden, zwei Staaten in Koexistenz zu sehen. Die israelischen Siedler_innen welche in Palästina leben, sind in den Statistiken und Beschreibungen nicht mit inbegriffen.   Die Autorin kann nicht im Ganzen auf voreingenommene Quellen verzichten. Der politische, soziale und kulturelle Hintergrund kann in dieser Arbeit nicht vollständig erfasst werden, da dies zu komplex wäre. Deswegen werden auch das Judentum und der Islam im Vordergrund stehen. Andere Religionen, welche ebenso in Israel bedeutsam sind, werden nur kurz betrachtet.

2. Theoretischer Hintergrund

Im Folgenden sollen theoretische Hintergründe zu dem Staat Israel vermittelt werden. Nach einem kurzen geschichtlichen Einblick soll die Abgrenzung und die Begriffsbestimmung zwischen Israel und Palästina definiert werden. Anschließend werden die wichtigsten politischen Instrumente zum Thema Familienplanung erläutert. Im speziellen sollen die Verfassung und das Gesundheitssystem näher betrachtet werden. Hinzu kommt als zweiter wichtiger Punkt die Erläuterung einiger bedeutender Religionen in Israel und deren Kontext zur Familienplanung.

2.1. Einblicke in den Staat Israel

Nach einigen Diaspora blieb Palästina von 1517 bis 1917/18 unter der Herrschaft des Osmanischen Reiches. 1882 beginnt die erste zionistische Einwanderungswelle von russischen und polnischen Juden und später im Jahr 1896 veröffentlicht Theodor Herzl aus Österreich sein Buch „Der Judenstaat" und begründet damit den Zionismus[1]. 1904 und 1914 folgen weitere Einwanderungswellen und damit auch die Entstehung des ersten Kibbuz[2]. Infolge des ersten Weltkrieges erobern die Engländer 1917 Palästina. 1937 legt Großbritannien einen ersten Teilungsplan vor, dieser wird von dem zionistischen Weltkongress und von der Bevölkerung Palästinas unterstützt, jedoch lehnt der Anführer der Palästinenser den Vorschlag ab (vgl. Küntzel, 2002, o.S.). Aufgrund des Holocaust gibt es während des zweiten Weltkrieges erneut Einwanderungswellen von jüdischen Flüchtlingen. Die Hauptversammlung der UNO beschließt 1947 eine Teilung des Landes. Der Plan (Abbildung 1) sieht vor, der jüdischen Bevölkerung den Teil zu übergeben, in dem mehrheitlich Juden leben und die überwiegend arabischen Gebiete an das Königreich Jordanien abzugeben. Jerusalem soll unter internationale Kontrolle gestellt werden (vgl. Tondek/Bock, 2010, S. 78 f.). Erneut lehnen das arabische Lager, sowie auch einzelne Nationalisten von Israel diesen Teilungsplan ab (vgl. Küntzel, 2002, o.S.). Am 14.Mai 1948 verkündete David Ben Gurion den

---

[1] Zionismus ist eine jüdische Nationalbewegung, die Ende des 19. Jahrhunderts entstand, mit dem Ziel einen selbstständigen Nationalstaat für Juden in Palästina zu gründen. Zudem gilt Zionismus heute als eine politische Strömung innerhalb des Judentums, welche eine Vergrößerung Israel durchsetzen will (vgl. Alexander, 2013, S.13 f.).

[2] Kibbuz (hebräisch „Sammlung", „Siedlung") ist eine gemeinschaftliche und landwirtschaftliche Siedlung, welche genossenschaftliches Eigentum besitzt und auf kollektive Arbeit und demokratischen Strukturen basiert (vgl. Dachs, 2013, S. 156).

unabhängigen Staat Israel. Die Länder Jordanien, Ägypten, Syrien, Libanon und Irak erklären Israel den Krieg, dieser endet 1949 wobei ein großer Teil von Palästina unter israelische Kontrolle kommt. 1950 annektiert das Königreich Jordanien die Westbank (vgl. Tondok/Bock, 2010, S. 78f.).

Abbildung 1: The United Nations Partition Plan, 1947

1956 erobert Israel den Gazastreifen, wie auch die Sinai. Im Jahr 1964 gründet die palästinensische Bevölkerung die Palestine Liberation Organisation (PLO), ihr Anführer ist Arafat. Der 5. Juni 1967 geht als Sechstagekrieg in die Geschichte ein. Nach kurzer Waffenruhe folgt nach sechs Jahren wieder ein

Krieg mit Ägypten. 1979 folgt dann endlich der Friedensvertrag mit Ägypten. Seit der Besetzung der Westbank von Israel werden immer mehr jüdische Siedlungen gezählt, im Jahr 2007 sind es knapp 500.000 Bewohner_innen. 1987 bricht im Gazastreifen die erste Intifada (Palästinensische Widerstandsbewegung) aus, darunter Massendemonstrationen, Streiks und Boykottmaßnahmen. Der Gazastreifen, Jericho und kleinere Gebiete kommen 1994 unter palästinensische Verwaltung. Im selben Jahr wird der Friedensvertrag mit Jordanien unterzeichnet. Doch im Jahr 2000 beginnt die zweite Intifada (Al-Aqsa-Intifada). Im Jahr 2002 beginnt Israel mit dem Bau der Mauer zur Westbank, jedoch einige Kilometer auf palästinensischem Boden (vgl. Tondok/Bock, 2010, S. 80 f.).

2.1.1. Die Abgrenzung Israels zu Palästina

Am 15.November 1988 wurde der Staat Palästina von der PLO ausgerufen (vgl. Tondok/Bock, 2010, S. 88). Die Palästinenser selbst wählen den Begriff Palästina für ihr Land. International werden auch die Begriffe „besetzte Gebiete" oder „palästinensische Territorien" genutzt (vgl. Übers. Verf., Shaffermann, 2008, S.1). Jüdische Siedler_innen bevorzugen den Begriff „Westjordanland", abgeleitet von dem Fluss Jordan, auch unter dem biblischen Namen Judäa und Samaria bekannt. In den europäischen Ländern werden die Begriffe „Palästinensische Autonomiegebiete" und „West Bank" bevorzugt (vgl. Robinson/Kohn/Savery Raz, 2012, S. 278 f.). Gemeint ist damit die geografische Lage von Westjerusalem bis zur Grenze nach Jordanien und zum Toten Meer, sowie der Gazastreifen. Die Westbank (siehe Abbildung 2) ist zudem, seit dem Oslo-II-Abkommen, in drei Zonen (A, B und C) aufgeteilt, welche unterschiedlichen politischen Kontrollen unterliegen. Ungeklärt ist der Status von Jerusalem. Bisher ist diese Stadt in Ost- und Westjerusalem geteilt (vgl. Tondek/Bock, 2012, S. 90 f.). Aufgrund der politischen und geografischen Situation in Israel und Palästina, hat sich die Autorin bewusst nur für den Staat Israel, einschließlich Westjerusalem, entschieden. Nicht zu Israel zählen für die folgende Arbeit die West Bank (einschl. Ostjerusalem) und der Gazastreifen (Abbildung 2).

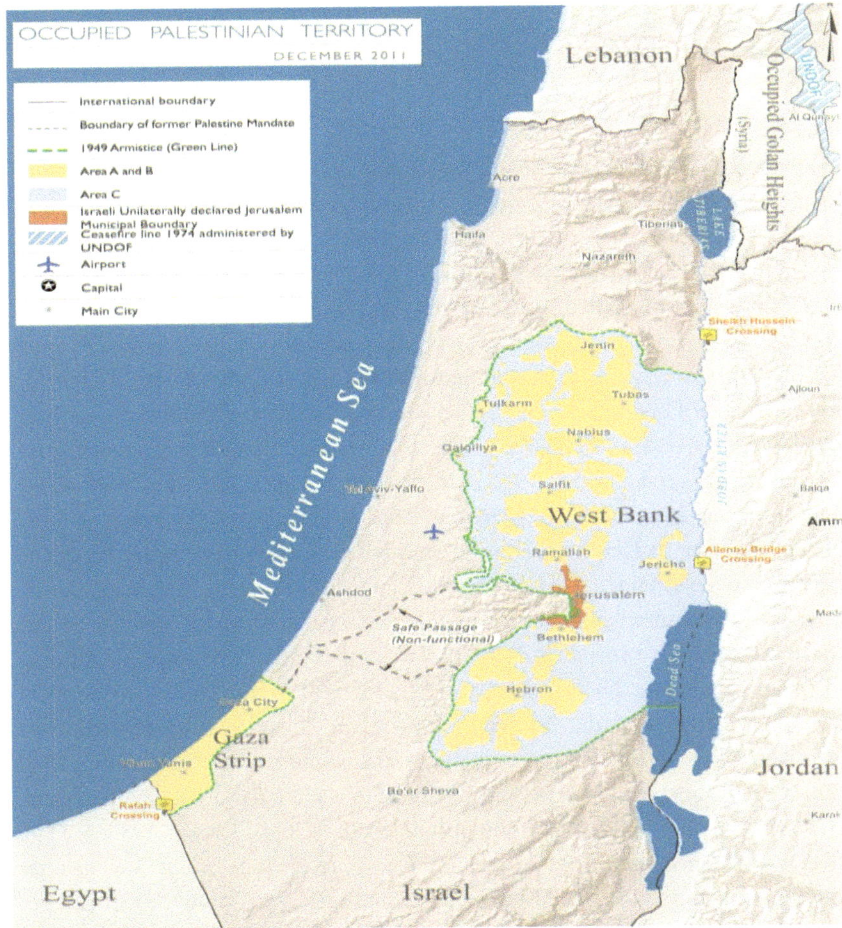

Abbildung 2: Occupied Palestinian Territory

Dies hat zwei Gründe. Einerseits ist die Bevölkerung in der Westbank sehr verschieden und zu komplex, sodass die Autorin befürchtet, nicht dem Anspruch gerecht zu werden, jede Bevölkerungsgruppe zu analysieren. Dabei soll aber nicht vergessen werden, dass auch jüdische Siedler_innen in der Westbank leben, welche mit der jüdischen Bevölkerung in Israel nicht verglichen werden können. Dies gilt auch für die arabische Bevölkerung und andere Nationalitäten, welche sich zwischen Israel und Westbank grundsätzlich unterscheiden. Zweitens hat es politische Gründe. Damit wird der Ansatz der Zweistaatenlösung vertreten und ebenfalls die Anerkennung Palästinas von 135 Staaten (vgl. Palästinensische Mission, 2015, S.1) berücksichtigt.

2.1.2. Die Verfassung Israels

Nach der Unabhängigkeitserklärung 1948 wurde zunächst ein „Übergangsgesetz" abgestimmt, dies wurde in der ersten Knesset (Versammlung) niedergeschrieben und sollte die legislative Körperschaft des Staates darstellen. Insbesondere bestand die Absicht, eine Verfassung zu formulieren. 1949 gab es die Entscheidung, dass die Knesset Gesetze verabschieden darf, jedoch wurde nicht festgehalten, ob ein verabschiedetes Gesetz als verfassungswidrig gelten darf oder nicht (vgl. Wolffsohn, 1983, S. 712 f.). Am Ende einer langen Debatte, gab es den Kompromiss einer Verfassung aus einzelnen Abschnitten. Diese einzelnen Abschnitte stellen für sich allein ein Grundgesetz dar, später wurden diese Abschnitte dann in ihrer Gesamtheit zu einer Verfassung zusammengefasst. Dafür gab es mehrere Gründe (vgl. ebd., 1983, S.712 ff.). Der größte Teil der politischen Abgeordneten_innen war der Meinung, dass es unzulässig sei, wenn nur ein kleiner Teil der in Israel lebenden jüdischen Gemeinde über eine verbindliche Verfassung entscheidet. Des Weiteren argumentierten viele Personen damit, dass ein demokratischer Staat auch ohne Verfassung existieren könnte, da das Staatsgebiet bisher noch nicht festgelegt worden ist und daher eine Verfassung nicht auf Israel passt. Nicht zuletzt war ein wichtiges Argument für den Verzicht auf eine Verfassung die Beziehung zwischen Staat und Religionen. Die Politiker_innen rechneten mit großem Widerstand von Seiten religiöser Menschen. Denn wenn es eine Verfassung gäbe, dann müsste sie auch festlegen, wie das Verhältnis zwischen Religion und Staat ist (vgl. Dreier, 1988, S.1291 ff.). Somit entschied sich Israel für ein „Grundgesetz", ein sogenannter Zusammenschluss von „Basic Law" als zukünftige „Verfassung". Dies ist aber nicht mit dem deutschen Grundgesetz zu vergleichen. Im Rechtssystem von Israel gibt es keinen höheren Rang von Grundgesetzen. Das erklärt sich damit, dass die Knesset und die Legislative in einem vereint sind (vgl. ebd., 1988, S. 1295). Seitdem hat die Knesset vierzehn weitere Grundgesetze verabschiedet, aber bis heute gibt es keine niedergeschriebene Verfassung in Israel (vgl. Dreier, 1988, S.1295).   Es gibt noch einen zweiten wichtigen Punkt, neben der nicht festgehaltenen „Verfassung", die Bezeichnung des Staates. Israel selbst bezeichnet sich als „Staat des jüdischen Volkes" oder auch „jüdischer Staat". Somit ist fraglich, ob dieser Staat auch die nicht-jüdischen Bürger_innen mit einbezieht und ob demokratische Grundsätze neben religiösen Grundsätzen bestehen können. Die Meinungen darüber gehen weit auseinander, je nach religiöser beziehungsweise politischer Positionierung (vgl. Moyal, 1997, o.S.).

Ein Grundgesetz der Knesset im Jahre 1988 hat daher beschlossen: *"The existence of the State of Israel as the State of the Jewish people does not negate its democratic character, just as the Frenchness of France not negate its democratic character (The State of Israel, 2015, o.S.)"*. Somit werden ein jüdischer und ein demokratischer Staat nicht als Widerspruch verstanden (vgl. ebd., 1997, o.S.).

2.1.3. Die Gesundheits- und Sozialpolitik

Laut Gesetz (1995) ist jede_r israelische Bürger_in in einer der vier großen Krankenversicherungen versichert. Diese übernehmen die Kosten für grundlegende ärztliche Behandlungen. Durch das Kaufen von privaten Zusatzversicherungen kann die Bandbreite der Leistungen vergrößert werden (vgl. Übers. Verf., Israel Ministry of Foreign Affairs, 2002, o.S).   Das Gesundheitssystem besteht aus einer Mischung von privaten, halbprivaten und öffentlichen Einrichtungen. Das Ministry of Health (israelisches Ministerium für Gesundheit) ist für die Finanzierung und Organisation zuständig. Es befasst sich unter anderem mit den Themen der physischen und psychischen Gesundheit, Operationen, Behandlungen, Forschungen, Krankenhausaufenthalten, gesunde Ernährung und Prävention. Einen großen Stellenwert hat das Thema Mutterschaft, Schwangerschaft und Geburt (Übers. Verf., Ministry of Health, 2015b, o.S.). Das Gesundheitsministerium betreibt eine erfolgreiche Gesundheitsfürsorge für Mütter und Kinder in einem flächendeckenden öffentlichen Netzwerk aus 850 „mother-and-child-care-centers", diese sind kostenlos und leicht zugänglich (vgl. Übers. Verf., Israel Ministry of Foreign Affairs, 2002, o.S.). Diese sogenannten „Tipat Halav"- Family Center, welche in ganz Israel vorhanden sind, werden von den Stadtbezirken, dem Gesundheitsministerium und den HMO´s (Health Maintenance Organisation), sprich staatliche Gesundheitsorganisationen, bereitgestellt. Ziel ist die Gesundheitsförderung und Prävention für schwangere Frauen, Säuglinge und Kinder. Insgesamt wird die medizinische Versorgung von HMO´s oder sogenannten „Clalit Health Service" (Netzwerk aus Krankenhäusern) durchgeführt (vgl. Übers. Verf., Ministry of Health, 2015b, o.S).

In Israel wird ein Kindergeld gezahlt. Das „National Insurance Institute" bietet ein monatliches Kindergeld für jede_n israelische_n Staatbürger_in bis zum 18.Lebensjahr an. Dies zählt ab der Geburt. Ab Juni 2003 sind es jeden Monat 140 NIS (vgl. Übers. Verf., National Insurance Institut, 2015, o.S.). In den Jahren zuvor gab es noch mehr Unterstützungen. Zum Beispiel in den 1950er

Jahren setzte sich Ben Gurion dafür ein, dass es Belohnungen für Mütter gab, welche mehr als 10 Kinder gebaren (vgl. Übers. Verf., Yuval-Davis, 2013, o.S.). Im Jahr 1970 führte Israel zusätzlich das „Veterans Child Allowance Scheme" (Veteranen Kindergeldmaßnahme) ein. Jedoch schloss dieses Gesetz unter anderem palästinensische Bürger_innen aus. Nur jüdische Israelis bekamen Zertifikate von der israelischen Armee, welche als Grundlage zur Beantragung des Kindergeldes dienten (vgl. Übers. Verf., King, 2000, S. 308 f.).

Einen weiteren großen Stellenwert hat das Thema „Fertility Treatments" (Behandlung gegen Unfruchtbarkeit). Die Behandlung von Unfruchtbarkeit, egal ob Mann oder Frau, soll als etwas ganz natürliches verstanden werden. Das Ministerium für Gesundheit gibt Auskunft über vier Varianten. Das „egg preserving" oder auch „egg freezing" genannt, ermöglicht ein Einfrieren von Eizellen, welche der Frau entnommen werden und später unter Verwendung der In-Vitro-Fertilisation wieder eingesetzt werden. Die IVF ist eine der am häufigsten angewendeten fortschrittlichen Methoden. Unter Laborbedingungen wird eine initiierte Verbindung zwischen einer Eizelle und einem Spermium hergestellt. Das damit entstandene Embryo wird dann mit einer unterstützenden Hormonbehandlung in die Gebärmutter eingesetzt (vgl. Übers. Verf., Ministry of Health, 2015c, o.S.).

Auf der Internetseite findet man derzeit keine weiteren Informationen über Beratungsangebote im Hinblick auf Schwangerschaftskonfliktberatungen oder Ähnliches. Diese Beratungen übernehmen oftmals nicht staatliche Organisationen. Israels Family Planning Association (IFPA) „Open Door" ist Mitglied bei der IPPF (International Planned Parenthood Federation) und will das Menschenrecht auf sexuelle Gesundheit fördern. Das Netzwerk besteht aus 14 Beratungs- und Informationszentren, welche sich zum Beispiel mit den Themen Adoleszenz, verantwortungsbewusstes Sexualverhalten oder Prävention befassen. Einzigartig ist das umfassende Programm eines Zertifikatskurses (300 Stunden) für Sexualpädagogen - mehr als 2000 Fachkräfte wurden daraufhin geschult. IFPA bereitet Workshops, Lehrvideos, Präsentationen, Gruppenaktivitäten, Vorträge und Seminare zur Förderung sexueller Gesundheit in Schulen, Universitäten und Armeen vor(vgl. Übers. Verf., IPPF, 2013, o.S). Andere NGO's wie zum Beispiel „Efrat" bekennen sich zu einer Pro-Geburt-Haltung. Eine weitere nennenswerte Einrichtung ist das „Israeli demographic centre", dies ist seit dem Jahr 1967 an das Büro des Ministerpräsidenten (Israeli prime minister's office) angegliedert. Gegründet wurde es zur Schaffung einer

Familienpolitik und zur Förderung der Geburtenrate (vgl. Übers. Verf., Yuval-Davis, 2013, o.S.).

Die Sozialpolitik Israels ist von Zionismus und Nationalismus geprägt, welche auch die Rolle der Frau festlegen. Einige der zionistischen Grundhaltungen sind die Gleichberechtigung der Frau, die Wehrpflicht und die Wichtigkeit der jüdischen Religion im Staat. Die Gleichberechtigung der Frau kann durch zwei Gesetze näher betrachtet werden. Zum einen in dem Gesetz des „security service" (1949) (Wehrdienst) und zum anderen in dem Gesetz der „women´s equal rights" (1951) (Gleichberechtigung der Frau). In beiden Gesetzen wird die Frau als Mutter gesehen. Die Rolle als Mutter leistet den Beitrag zur Gesellschaft. Das Hausfrauendasein, die Mutterschaft und der Militärdienst zählen zur jüdisch israelischen Tradition und rechtfertigen somit die Gleichberechtigung der Frau. Obwohl eine Mutterschaft zum Beispiel keine Gleichberechtigung im Beruf bedeutet (vgl. Übers. Verf., Berkovitz, 1999, S.278 f.).

2.2. Religionen und deren Einstellungen zum Thema Familienplanung

In Israel leben in etwa acht Millionen Menschen. Diese Angaben stammen aus dem Statistikamt Israel, welche die besetzten Gebiete wie Ostjerusalem und Golan mit einbeziehen, was wiederum international nicht anerkannt ist (vgl. Auswärtiges Amt, 2015, o.S.). Davon waren 2015 etwa 75 Prozent Juden und 20,7 Prozent Araber_innen, welche sich in unterschiedliche Religionen aufteilen (vgl. ebd, 2015, o.S.). Die arabische Bevölkerung ist wie folgt unterteilt. Im Jahr 2011 waren etwa 82 Prozent muslimisch, 9 Prozent Christen und 8 Prozent Drusen (vgl. Dachs, 2013, S.21). Das Judentum hat in dieser Arbeit aufgrund der prozentualen Mehrheit von etwa 75 Prozent einen größeren Stellenwert.Die zweitgrößte prozentuale Mehrheit bildet die muslimische Bevölkerung, daher wird der Islam ebenfalls näher betrachtet und auf die Minderheiten nur knapp eingegangen. Die restliche Minderheit sind nicht-arabische Christen, nicht-arabische Muslime, Familienangehörige von Juden welche nicht registriert sind oder keine religiöse Klassifizierung haben (vgl. Übers. Verf., Central Bureau of Statistic, 2014, S.1).

In diesem Abschnitt sollen diese beiden religiösen Identitäten und deren Einstellung zum Thema Familie, Ehe, Verhütung, Abtreibung und Reproduktion betrachtet werden.

2.2.1. Religionsrecht und Religiosität

Das israelische Religionsrecht bezieht sich auf die Artikel des britischen Mandatsmanifestes, welches den Status einer jeden Religionsgemeinschaft gewährleistet und somit die Wahrung religiöser Interessen. Auch in der „Palestina Order in Concil" wird festgehalten, dass den Muslimas und Muslimen ein muslimisches religiöses Gericht errichtet wird, sowie den jüdischen Gemeinschaften ein Rabbinatsgericht und der christlichen Religionsgemeinschaft eine christliche Gerichtsbarkeit zugewiesen wird (vgl. Schirer, 1998, S. 38 f.).

In den Jahren 2004 und 2008 kam es dann zu neuen Regierungsformen und somit zur Änderung des Religionsrechtes. Die Ministerien der Religionen wurden aufgelöst. Dies diente dem Zweck der Trennung zwischen Staat und Religion beziehungsweise den religiösen Gemeinschaften (vgl. Günzel, 2008, S.7). Ab 2004 ging die Zuständigkeit des ehemaligen Ministeriums der Religionen von dem Oberrabbinat der jüdischen Gemeinschaft auf den Ministerpräsidenten über. Alle jüdische Gerichte, sowie Richter sind nun dem Justizminister untergeordnet. Die jüdischen Räte übernehmen nur noch eine Vielzahl religiöser Dienstleistungen, welche seit 2008 dem Ministerium für religiöse Dienste innewohnen. Dies gilt auch für die muslimischen, christlichen und drusischen religiösen Gerichte. Als Endergebnis bleibt festzuhalten, dass die Reformen eher zu einer Zunahme von jüdisch religiösen Einflüssen geführt hat, weil den jüdischen Gemeinschaften oft mehr Rechte zugesprochen werden als anderen Glaubensgemeinschaften (vgl. Günzel, 2008, S. 12ff.).

Tatsächlich gibt es laut israelischem Religionsrecht keine Staatsreligion. Auch gibt es weder politische Erklärungen dazu, noch ein Grundgesetz dafür. Jedoch ist die jüdische Gemeinschaft dem Staat etwas näher gestellt, als andere Religionsgemeinschaften (vgl. ebd., 2008, S.6 f.). Und der Staat Israel ist laut „Verfassung" ein „jüdischer Staat" (vgl. Moyal, 1997, o.S.). Die fehlende Trennung zwischen Staat und Religion unterstützen die geschlechterspezifische soziale Hierarchie.

Das Familienrecht in Israel wird seit der Gründung des Staates Israel durch Religionsgemeinschaften durchgesetzt. Daher gibt es in der „Verfassung" kein einheitliches, ziviles und staatliches Familienrecht (vgl. Marx, 2005, S.6 f.). So gibt es religiöse Gerichte, welche ihre eigene Familienrechtsordnung besitzen, aber „keine zivile Eheschließungsbehörde oder ein ziviles Scheidungsgericht" (Marx, 2005, S.7).

Die logische Schlussfolgerung daraus ist, dass jede_r Staatsbürger_in Israels einen religiösen „Status" hat. In Israel hat kein_e Bürger_in das Recht auf Religionsbefreiung. Das bedeutet im Fall von Israel, entweder eine Religionszugehörigkeit als jüdisch, muslimisch, christlich, drusisch oder „religions-less" Person. „Religions-less" ist in dem Fall eine Person, welche einer Religion zugehörig ist, die nicht anerkannt ist, zum Beispiel Hinduismus, Buddhismus oder Shinto. Es gibt auch „doppelte" Religionszugehörigkeit. Das Ministerium für religiöse Dienste entscheidet dann über den Status der Person. Dieser „Status" ist wichtig für die weiteren Erläuterungen, denn er bestimmt Rechte wie Eheschließung, Scheidungsrechte, Fortpflanzungsrechte, Adoption, Besteuerung, Erbe und so weiter (vgl. Übers. Verf., Rosenblum/ Tal, 2004, S. 39).

Neben der ethnischen und religiösen Zugehörigkeit ist der zweitwichtigste Faktor, bei den Betrachtungen, die Religionsausübung. Sie hat einen entscheidenden Einfluss auf die Familiengröße (Übers. Verf., Friedlander/Goldscheider, 1978, S.230), auf politisches Verhalten und die Lebensweise (Übers. Verf. Shamir/Arian, 1999, S.276). Die jüdische israelische Gesellschaft ist in dieser Hinsicht tief gespalten zwischen der jüdischen säkularen Mehrheit[3] und den Ultra-Orthodoxen (vgl. Übers. Verf., Bystrov, 2012, S.7).

Das „Israel Central Bureau of Statistics" hat 2009 eine Studie über die Einstellungen der Gesellschaft zu Religionen in Israel veröffentlicht. Etwa 12 Prozent der israelischen jüdischen Gesellschaft bezeichneten sich als „religiös", circa 13 Prozent als „traditionell religiös", 25 Prozent als „traditionell nicht – religiös" und fast die Hälfte als „nicht religiös/ weltlich". Bei den Unterscheidungen der Religionen definierten sich selbst 8 Prozent als „Ultra Orthodox". Bei den Muslimen sieht die Verteilung anders aus. Circa 10 Prozent bezeichneten sich selbst als „sehr religiös", 51 Prozent als „religiös", 29 Prozent als „nicht so religiös" und 11 Prozent als „nicht religiös" (vgl. Übers. Verf., Bystrov, 2012, S.7).

2.2.2. Judentum

Der Begriff Judentum bezeichnet „einerseits die Religion, die Tradition und Lebensweise, die Philosophie, sowie die Kulturen der Juden und andererseits

---

[3] Etwa 43 Prozent der Bevölkerung bezeichnet sich selbst als nicht religiös, aber identifiziert sich ethnisch, ethisch, kulturell oder politisch als Juden (vgl. Jestice, 2004, S. 454).

aber auch die Gesamtheit der Juden (Wahrig-Burfeind, 2001, S. 794)". Derzeit leben circa sechs Millionen Juden in Israel, weltweit sind es etwa 18 Millionen (vgl. Robinson/Kohn/Savery Raz, 2012, S. 441). Die Thora bezeichnet die gesamte jüdische Lehre, auch Pentateuch genannt (vgl. Rosenthal/ Homolka, 1999, S. 198). Es wird unterschieden zwischen verschiedenen Gruppierungen und Strömungen. Die vier wichtigsten Strömungen sind das orthodoxe Judentum (eine Untergruppe bildet das Ultraorthodoxe Judentum mit etwa 8 Prozent der gesamten Juden), das Reformjudentum, das konservative Judentum und der Rekonstruktionismus – die jüdische Erneuerungsbewegung (vgl. Rosenthal/ Homolka, 1999, S.182 ff.). Das nicht-orthodoxe Judentum hat ein anderes Verständnis von der Offenbarung, welche in ihrem Sinne ein „fortschreitender Prozess des Dialogs mit Gott und seinem Volk ist" (Rosenthal/ Homolka, 1999, S. 6). Etwa 10 Prozent der orthodoxen Juden glauben daran, dass das Jüdische Volk von Gott auserwählt wurde. Sie leben nach insgesamt 613 Geboten und sehen den Staat Israel als heiliges Land des jüdischen Volkes an (vgl. ebd., 1999, S. 188). Ultra-orthodoxe Juden sind eine Gruppierung des orthodoxen Judentums. Oberste Pflicht eines jedes Mannes ist es sich der Thora, den heiligen Büchern, zu widmen. Sie selbst lehnen im Gegensatz zu den Orthodoxen den Staat Israel ab. Sie glauben, dass ein Judenstaat nur von einem Messias gegründet werden kann (vgl. Dachs, 2013, S. 166).

2.2.2.1. Familie

Das Familienleben ist vor allem durch die Religion und die Tradition geprägt. In der Familie spiegelt sich „das Verhältnis zwischen Gott und den Menschen" (Marx, 2005, S.5) wieder. Hierzu wird oft der Vergleich gezogen, dass Gott, als Vatergestalt, auf die Bedürfnisse der Menschen Rücksicht nimmt (vgl. ebd., 2005, S.5). Daher strahlt das Familienleben ein „hohes Maß an Nestwärme und Solidarität" (Marx, 2005, S.6) aus. Falls jedoch eine Person gegen die Gesetze oder Grundlagen verstößt ist mit strengen Konsequenzen zu rechnen (vgl. Maier, 1988, S.566). Der sogenannte häusliche Frieden steht an oberster Stelle und wird symbolisch durch das Anzünden der Sabbatlichter (jeden Freitag) von der Ehefrau verdeutlicht. Die Aufgabenverteilung in der Familie ist so vorgeschrieben, dass die Erziehung der Söhne dem Vater obliegt, sowie die Mitgift und die Verheiratung der Töchter. Für die Kinder ist die Ehrfurcht vor den Eltern in der Thora fest vorgeschrieben (vgl. Marx, 2005, S.6).

Das jüdische Familienrecht besitzt die Autorität über Eheschließung und Scheidung zu entscheiden. Hierzu muss eine Jüdin oder ein Jude entweder von jüdischen Eltern abstammen, die Mutter jüdisch sein oder zum Judentum übergetreten sein. Ein Austreten aus dem Judentum ist nicht möglich. Das Mindestalter für Frauen für eine Eheschließung liegt bei 17 Jahren. Vor der Eheschließung kommt es zur Verlobung und später zur Trauungszeremonie. Hier wird der Frau der Ehering angesteckt (vgl. Marx, 2005, S.8 f.). Nach dem Segen wird der Ehevertrag vorgelesen. Dieser beinhaltet unter anderem, die Abfindung bei einer Scheidung, den Unterhaltsanspruch für die Frau und die Vermögenszuteilung für den Mann (vgl. ebd., 2005, S.8).

In der israelischen Bevölkerung gab es 2009 eine Umfrage von „Israel Central Bureau of Statistics" über die Jüdische Tradition und die Einhaltung von Regeln in der Religion sowie über die Religiosität. 73 Prozent gaben an, dass ihnen eine religiöse Hochzeit wichtig ist. Auch gaben 64 Prozent der Befragten an, dass ein Paar verheiratet sein sollte, bevor es ein Kind möchte (vgl. Übers. Verf., Bytsrov, 2012, S.14 f.). Daher sind auch 94 Prozent der Israelis im Alter von 45 bis 49 Jahren mindestens einmal im Laufe ihres Lebens verheiratet oder verheiratet gewesen. Das Alter der jüdischen Frauen ist bei der ersten Heirat von 21,8 Jahren (1970) auf 25,7 Jahren (2009) angestiegen (vgl. Übers. Verf., ebd., 2012, S.15). In der jüngeren Bevölkerung, welche oft weniger traditionelle Werte befürworten, wird ein Zusammenleben zwischen LSBTQ4-Menschen akzeptiert. Diese Einstellungen zu Partnerschaften ohne Trauschein sind nur bei den nicht-religiösen und nicht-traditionellen Juden wiederzufinden (vgl. Übers. Verf., Bystrov, 2012, S.17). Sexuelle Beziehungen zwischen Männern, Ehebruch und Inzest sind laut der Thora verboten. Jedoch ist es wichtig zu beachten, dass homosexuelle Handlungen verboten sind, nicht eine homosexuelle Orientierung (vgl. Übers. Verf., Rich, 2011, o.S.).

Der Staat selbst unterstützt keine Zivilehen und daher ist auch die nicht religiöse Ehe und Scheidung ein kompliziertes Verfahren. Eine Alternative zur Eheschließung in Israel, ist die Heirat im Ausland (vgl. Übers. Verf., Bystrov, 2012, S. 12).

Scheidungsraten sind sehr gering, im Jahr 2009 waren es 1,9 Scheidungen pro 1.000 Personen. Eine Interpretation dieser Scheidungsraten ist aufgrund

---

[4] Lesbisch-Schwul-Bi-Trans-Queer Personen

folgender Situationen schwierig (vgl. Übers. Verf., Bystrov, 2012, S.16 f.). Beim Rabbinatsgericht muss ein Scheidungsantrag vorgelegt werden. Dieser versucht die Ehe wiederherzustellen, sollte dies nicht möglich sein, erfolgt ein Scheidungsbrief. Als an erkennbare Gründe für den Ehemann gelten zum Beispiel „10 jährige Kinderlosigkeit, wenn die Frau eheliche Pflichten verweigert, die Ehe fälschlicherweise verboten ist oder wenn die Frau körperliche Fehler hat (welche dem Mann unbekannt waren)" (Marx, 2005, S. 9f.). Gründe für die Ehefrau sind zum Beispiel „Impotenz des Mannes, wenn zwischen den Ehegatten ständiger Unfriede herrscht oder wenn der Mann ein schmutziges Gewerbe (z.B. Zuhälterei) ausübt" (Marx, 2005, S. 10).

2.2.2.3. Verhütung

Je nach jüdischer Ausrichtung und Religiosität wird das Thema unterschiedlich gehandhabt. Laut einiger Rabbiner gibt es verschiedene Meinungen über Verhütung, wichtig sei jedoch der gesundheitliche Aspekt. Geburtenkontrolle ist erlaubt wenn eine Schwangerschaft ein medizinisches Risiko für die Mutter oder ihre anderen Kinder darstellt, beispielsweise bei sehr jungen Frauen, Schwangeren oder stillenden Frauen (vgl. Übers. Verf., Rich, 2011, o.S). Hierzu kann eine Meinung von dem Rabbiner selbst oder die eines Arztes hinzugezogen werden. Die Nutzung eines Kondoms oder Vasektomie sind laut der Halacha[5] streng verboten (vgl. Livnat, 2008, o.S.). Bei Frauen sind jedoch die Schwangerschaftsverhütungsmethoden wie Pille, Spirale und Diaphragmata erlaubt (vgl. Bartley, 2011, S.11). Diese werden auch von einigen orthodoxen jüdischen Frauen genutzt (vgl. Livnat, 2008, o.S.).

2.2.2.4. Abtreibung

Das Verbot der Abtreibung fällt unter das Gebot „Du sollst nicht töten" (Ex 20,13). Somit darf nur abgetrieben werden, wenn das Leben der Mutter bedroht ist (vgl. Radbil, 2014, o.S.). Ein Kind hat im Mutterleib den Status des „potentiellen menschlichen Lebens" (Rich, 2011, o.S.) und ist somit wertvoll und sein Leben darf nicht beiläufig beendet werden. Aber das Leben eines Babys wird nicht als so wertvoll angesehen wie das Leben der Mutter (vgl. ebd., 2011, o.S.).

---

[5] Das jüdische Gesetz (vgl. Rosenthal/Homolka, 1999, S.195).

Die größte Freude des Lebens eines jüdischen Israelis ist immer noch die Kindererziehung (vgl. Übers. Verf. Birenbaum-Carmeli/Dirnfeld, 2008, S. 183). Heiraten und Kindererziehung werden als die "normale" Vollendung des reifen Erwachsenenalters aufgefasst (vgl. Übers. Verf., Birenbaum-Cameli/Dirnfeld, 2008, S. 183). Das Gebot "Seid fruchtbar und mehret euch" (Gen 9,7) bildet die Grundlage der Reproduktion für Juden (vgl. Übers. Verf., ebd., 2008, S.183).

Demnach ist ein Kinderreichtum bei den meisten Israelis ein gesellschaftliches Statussymbol. Kinderlosigkeit kann als Tragödie empfunden werden (vgl. Marx, 2005, S.2). Dies spiegelt sich in den Statistiken und Meinungen der Bevölkerung wieder. In der Sozialstudie des „Israel Central Bureau of Statistics" im Jahr 2009 war die Kinderlosigkeit bei Frauen, welche vor 1959 geboren sind, bei 7 Prozent. Bei ultra-orthodoxen Frauen sogar bei 2 Prozent. Dies zeigt einen jüdischen traditionellen Familismus und eine große Zuneigung für Kinder, welche im Jahr 2002 von Fogiel-Bijauoi untersucht worden ist. Dabei stimmten 58 Prozent der Frauen der Aussage zu, dass „Menschen ohne Kinder ein leeres Leben führen" (vgl. Übers. Verf., Bystrov, 2012, S.27). Aber auch die Kinderanzahl ist erstaunlich. Die Zahl der Familien, welche sich für ein viertes Kind entscheiden, nimmt deutlich zu (vgl. Dachs, 2013, S.39).

Nach jüdischem Gesetz, ist es den Menschen erlaubt sich mit Hilfe von Fortpflanzungstechnik den Kinderwunsch zu erfüllen. Jüdinnen und Juden dürfen sich „aller natürlichen Mittel bedienen, die Gott gegeben hat" (Brandes, 2011, o.S.). Das menschliche Leben beginnt nach jüdischer Auffassung erst im Mutterleib (vgl. ebd., 2011, o.S.). Es gibt aber eine Einschränkung. Vor jeder künstlichen Befruchtung muss die Frau einer PID (Präimplantationsdiagnostik) zustimmen. Ein Rabbiner kann hierzu im Einzelfall entscheiden, ob eine medizinische Notwendigkeit besteht. Bei der PID Diagnostik wird das Erbgut eines Embryos im Reagenzglas untersucht. Damit können Krankheiten oder Behinderungen oder sogar Tod vermieden werden (vgl. Soussan, 2010, o.S.).

2.2.3. Islam

Der Islam ist gekennzeichnet von der Hingabe zu Gott. Die sozialen Regeln, Wirtschaft, Staat, Politik und Gesetze sind im Koran festgehalten (vgl. Khoury, 1993, S.11). Der Felsendom in Ostjerusalem ist einer der wichtigsten Heiligtümer im Islam (vgl. Dieterich, 2001, S.145). Der Prophet Mohammed soll hier in den Himmel aufgestiegen sein. Die meisten israelischen Araber_innen identifizieren sich mit der arabischen Welt und gehören eher der sunnitischen Richtung an, welche das Kalifat als Gemeinschaftsgrundlage befürwortet (vgl. Reichmuth, 2001, S.292). In den Golanhöhen leben auch einige Alawiten[6] (vgl. Pistor-Hatam, 2001, S.28). Etwa 70 Prozent der arabischen Bevölkerung sind muslimisch. Laut des israelischen Außenministeriums lebten im Jahr 1999 etwa 110.000 Beduinen in der Negev Wüste, circa 50.000 im Norden und 10.000 in der Mitte Israels. Nach der Gründung des Staates wurden viele umgesiedelt und leben nun teilweise in anerkannten Beduinen-Städten oder in nicht anerkannten Dörfern (vgl. Übers. Verf., Ben-David, 1999, o.S.).

2.2.3.1. Familie

Die wichtigste soziale Einheit ist die Familie. Im Islam wird Wert auf eine Großfamilie gelegt, welche aus vielen Verwandten und eingeheirateten Frauen besteht. Viele Kinder sichern die Altersvorsorge. Die Frau ist zuständig für die Erziehung der Kinder, sowie Hausarbeit und der Mann für die finanziellen und außerhäuslichen Tätigkeiten. In der jetzigen Zeit und in einigen Städten, löst sich das Rollenmuster auf und viele Frauen verdienen selbst Geld (vgl. Stolleis, 2001, S.93).

2.2.3.2. Ehe

Die Ehe wird laut dem Propheten Mohammed als Pflicht gesehen, die Idee dahinter ist beim Partner seinen Frieden zu finden und es soll vor Unkeuschheit schützen (vgl. Hübsch, 1997, S.97). Als Voraussetzung für eine Ehe gilt aber die freiwillige Zustimmung beider Personen, sprich eine Verlobung (vgl. ebd., 1997, S.100). Dazu gibt es ein sogenanntes Heiratsformular (vgl. Hübsch, 1997, S.97). Eine interreligiöse Ehe oder eine Zivilehe existieren im Islam kaum und sind laut dem Koran nicht erlaubt (vgl. Übers. Verf., Bystrov, 2012, S.17).

 Das Alter einer Muslima in Israel bei der ersten Hochzeit war im Jahr 2009, laut einer israelischen Sozialstudie, bei 20,1 bis 21,4 Jahren (vgl. Übers. Verf., ebd., 2012, S. 15 f.). Für eine Scheidung von der Frau oder dem Mann ausgehend, müssen bestimmte Gründe vorliegen, wie zum Beispiel Gewalt eines Partners oder die Unfähigkeit, einen Partner lieben zu können. Polygamie ist im Islam mit bis zu vier Frauen erlaubt, wenn es eine Ausnahme bleibt. Zum Beispiel wenn die erste Frau keine Kinder bekommen kann (vgl.

---

[6] Alawiten sind zu vergleichen mit einer Sekte. Diese wurde im Irak gegründet und in die Türkei und nach Syrien verbreitet (vgl. Pistor-Hatam, 2001, S.28).

Hübsch, 1997, S. 124 f.). Jedoch darf eine Frau nicht mehrere Männer haben (vgl. ebd., 1997, S.136).

2.2.3.3. Verhütung

Fortpflanzung dient der Verbreitung und der Stärkung des Islams. Aber der Islam toleriert auch Verhütung in einer Ehe. Im Koran selbst wird dazu der „Coitus Interruptus" erwähnt, das Herausziehen vor der Ejakulation. Die Geburtenkontrolle ist nur erlaubt, wenn beide Partner zustimmen, die Frau keine gesundheitlichen Schäden in Folge der Verhütung erleidet und die Verhütungsmethode umkehrbar ist, daher ist Sterilisation verboten (vgl. Bartley, 2011, S.12).

2.2.3.4. Abtreibung

Laut dem Koran heißt es: „Tötet eure Kinder nicht aus Furcht vor Armut. Fürwahr, sie zu töten ist eine große Sünde"(Koran: 5. Gebot 17,32). Aber wie im Judentum hat das Leben einer Frau Vorrang. Eine Abtreibung kann stattfinden, sobald das Leben der Mutter in Gefahr ist oder in Gefahr sein könnte. Bis zum dritten Monat bestehen keine ethischen Bedenken, erst dann bildet sich die Seele des Kindes, nach dieser Zeit ist eine Abtreibung nicht erwünscht (vgl. Hübsch, 1997, S. 160f.).

2.2.3.5. In-vitro-Fertilisation

Im Jahr 2001 bekam eine muslimische Frau in Israel im Durchschnitt 4,7 Kinder. Dazu zählen auch die Beduinen im Süden von Israel, welche im Durschnitt 9,2 Kinder bekamen (vgl. Übers. Verf., Bystrov, 2012, S. 10).

In Bezug auf künstliche Befruchtung ist der Islam, sowie das Judentum, der Methode wohlgesonnen. Dieses hat den Hintergrund, dass Unfruchtbarkeit als Krankheit angesehen werden kann und diese durch künstliche Befruchtung geheilt wird. Bei den Sunniten ist aber die Einschränkung vorhanden, dass keine fremden Eizellenspenden oder Samenspenden entgegengenommen werden können, nur die der Ehepartner (vgl. Brandes, 2011, o.S.).

2.2.4. Religiöse Minderheiten

Für die Christen ist Israel, das Heilige, Land, indem Jesus geboren ist, gelebt und gewirkt hat, gestorben und auferstanden ist. Das Christentum ist mit neun Prozent eine Minderheitsreligion in Israel. Die meisten davon sind Araber_innen und gehören der Meltkitischen griechisch-katholischen Kirche an (vgl. Eldar, 2014, o.S.)

Die Religionsgemeinschaft der Drusen befindet sich in den Gebieten von Libanon, Südsyrien und im Norden Israels (vgl. Khoury, 1998, S.29). Sie sprechen hauptsächlich arabisch, aber identifizieren sich mehr als Israeli und nicht als Palästinenser_in. Seit dem Jahr 1957 sind die Drusen per Gesetz eine eigene ethnische Gruppe und als Religion anerkannt (vgl. Übers. Verf., Jiryis, 1979, S. 32 f.). Es lebten circa 104.000 Drusen im Jahr 2009 in Israel (vgl. Tondok/Bock, 2010, S.258).

Die meisten der Gläubigen der Bahá´í – Religion leben in Indien, Afrika und Nord- und Südamerika, einige Hundert leben in Israel (vgl. Towfigh/ Enayati, 2011, S.10). Es wird gelehrt, dass es nur einen Gott gibt, jedoch wird er unterschiedlich in den Religionen benannt (Alláh, Jehova, Gott). Dieser ist Schöpfer und Gott zugleich (sowie im Judentum, Christentum und Islam), er besitzt eine Daseinsstufe, die ein Mensch nicht verstehen kann (vgl. Towfigh/ Enayati, 2011, S.13).

3. Familienplanung in Israel

Nachdem die religiösen Standpunkte erläutert wurden, sollen in diesem Abschnitt, im ersten Teil, die rechtlichen Grundlagen zu den Themen Ehe, Verhütung, Abtreibung und Reproduktion geklärt werden und später dazu passende aktuelle Statistiken hinzugezogen werden. Ziel ist es, einen Überblick zu bekommen wie die aktuelle Familienplanung in Israel von der Bevölkerung gelebt wird. Zum Schluss wird die öffentliche Meinung skizziert, mit Hilfe von Interviews und Zeitungsartikeln. Diese Interviews wurden hauptsächlich, aufgrund der Entfernung, per E-Mail durchgeführt, ab und zu werden auch Gedächtnisprotokolle mit einbezogen.

3.1. Rechtliche Aspekte in Hinsicht auf Familienplanung

Das Recht einer Person, sich fortzupflanzen, hat der Oberste Gerichtshofs in Israel offiziell anerkannt. In einem bestimmten Fall entschied das Gericht auch, dass das Recht einer Frau, sprich die Mutterschaft, höher bewertet ist, als das Recht eines Mannes, sprich eines Vaters. Somit basiert die Anerkennung der Elternschaft, darauf, dass eine Frau als Mutter gesehen wird. Die Frau erhält keine Anerkennung und Autonomie über ihren reproduktiven Status. Daher sind zum Beispiel Abtreibungen nach Gesetz nur unter bestimmen Voraussetzungen möglich (vgl. Übers.Verf., Levush, 2012, S.1).

Eine weitere Rechtsvorschrift hat die IPPF formuliert. In der Charta von 2009 gibt es eine klar formulierte Aussage zu dem Recht auf Familienplanung, nach der sich alle Mitgliederstaaten richten sollten. Israel ist mit der NGO „Open Door" vertreten (vgl. Übers. Verf., S.A, 2015, S.1). *„Alle Menschen haben das Recht, sich für oder gegen die Ehe und ebenso für oder gegen die Gründung und Planung einer Familie zu entscheiden. Alle Menschen haben das Recht, frei und verantwortungsbewusst den Zeitpunkt der Zeugung, die Anzahl und den Altersunterschied ihrer Kinder zu wählen. Alle Menschen haben das Recht, dies unter Rahmenbedingungen zu tun, innerhalb derer Gesetze und politischen Maßnahmen die Vielfalt unterschiedlicher Familienformen anerkennen, einschließlich solcher, die nicht durch Abstammung oder Eheschließung bestimmt sind" (IPPF, 2009, S. 12).* Reproduktive und sexuelle Menschenrechte beinhalten demzufolge den Zugang zu Informationen und die Möglichkeit, das eigene Sexualleben und die individuelle Familienplanung selbst zu bestimmen.

3.1.1. Ehe

Das Familienrecht obliegt den Religionsgemeinschaften. Es gibt bisher kein staatliches beziehungsweise zivilrechtliches Familienrecht, daher auch keine Eheschließungsbehörde oder ein Scheidungsgericht (vgl. Marx, 2005, S.7).

Sowohl das jüdische Recht (Halacha) verbietet eine Ehe zwischen Juden und Nichtjuden (vgl. ebd., 2005, S.8 f.) als auch der Islam verbietet interreligiöse Hochzeiten (vgl. Übers. Verf., Bystrov, 2012, S.17). Laut israelischen Rechts gibt es keine Zivilehen, interreligiöse Eheschließungen und Bürgerrechte für Menschen die keiner Religion angehören. Das sind laut der „New Family Organization" etwa 42 Prozent der Familien, die nicht zu den anerkannten „De-Facto Familien" in Israel gehören (vgl. Übers. Verf., Rosenblum/ Tal, 2004, S. 35ff.). Oftmals sind diese Menschen darauf angewiesen im Ausland zu heiraten (vgl. Übers. Verf., Bystrov, 2012, S. 17 f.).

3.1.2. Verhütung

Es besteht in Israel ein Zugang zu verschiedenen Verhütungsmitteln, aber mit zwei Einschränkungen. Die Kosten für die Verhütung werden von den Krankenkassen nicht übernommen, obwohl dies von einigen Organisationen wie zum Beispiel der „Adva" vor dem Obersten Gerichtshof gefordert wird (vgl. Übers. Verf., Swirski, 2006, S.1). Die Auswahl der Verhütungsmethoden ist oft auf die Pille oder auf die Kupferspirale beschränkt (vgl. Übers. Verf. Siegel-Itzkovich, 2006, o.S.). Andere und alternative Methoden sind oft nicht verfügbar. Daher gibt es einige Privatpersonen und Organisationen, welche zum Beispiel alternative und natürliche Verhütungsmethoden in Seminaren den Frauen näher bringen (vgl. Übers. Verf. ebd., 2006, o.S.).

Die Pille danach, „Emergency contraception (EC)", ist seit 2012 in Israel in Apotheken (hinter den Tresen) käuflich erhältlich. Auch werden diese von den „mother-and-child-care-centers" und "Family planning clinics" verteilt. Teilweise werden diese auch von den Krankenkassen erstattet. Jede Art von der Pille danach ist rezeptpflichtig. Nach den Daten der „Israeli Society of Contraception" wurden im Jahr 2008 etwa 230.000 dieser Pillen (EC) verkauft (vgl. Übers. Verf., ECEC, 2015, o.S.).

3.1.3. Abtreibung

Auf der Internetseite des Ministeriums für Gesundheit gibt es auch Informationen über die „Planned Termination of Preganancy". Die Abtreibung ist laut Gesetz möglich, aber verlangt die Zustimmung eines „Pregnancy

Committee", also eines Schwangerschaftsausschusses in einem Krankenhaus. Laut Gesetz wird einer Abtreibung zum Beispiel unter folgenden Bedingungen zugestimmt:

- die Frau ist in einem Alter unter 17 Jahren (heiratsunfähig)
- die Frau ist nicht verheiratet bzw. die Schwangerschaft stammt aus einer anderen Ehe
- die Frau hat das Alter von 40 Jahren oder mehr erreicht
- die Schwangerschaft ist durch ein Strafrecht wie Vergewaltigung entstanden oder Inzest
- das Kind wird eine körperliche oder geistige Missbildung aufweisen
- die Fortsetzung der Schwangerschaft gefährdet das Leben der Mutter oder die Frau erleidet körperliche oder seelische Schäden

(vgl. Übers. Verf., Ministry of Health, 2015a, o.S.)

Der Ausschuss besteht laut Gesetz aus drei Mitglieder_innen. Vorgeschrieben sind ein_e Art/Ärztin aus dem Fachbereich Gynäkologie oder Gebursthilfe, eine medizinische Fachkraft und ein_e Sozialarbeiter_in. Mindestens ein Mitglied muss eine Frau sein. Der/die Sozialarbeiter_in hat die Aufgabe ein Interview mit der betroffenen Person durchzuführen und über den Ausschuss zu informieren. Gleichzeitig werden auch Möglichkeiten einer Alternativlösung vorgeschlagen. Später klärt der/die Arzt/Ärztin über eventuelle Gefahren auf. Bisher wird der Eingriff von dem HMO bezahlt. Bei einer Abtreibung einer späten Schwangerschaft, ab der 24. Woche, ist eine Vorstellung bei einem speziellen Schwangerschaftssauschuss notwendig. Nach Beendung der Schwangerschaft muss eine Beratung in einem HMO, einem Krankenhaus oder einem „Tipat-Halav"- Center erfolgen. Diese beinhaltet die Schwangerschaftsverhütung und Familienplanung (vgl. Übers. Verf., Ministry of Health, 2015a, o.S.). Seit 2014 zahlt der Staat für Abtreibungen für Frauen im Alter zwischen 20 Jahren und 33 Jahren. Es wird in Aussicht gestellt, dass in Zukunft alle Abtreibungen bezahlt werden. Vorher hat der Staat nur dann die Kosten übernommen, wenn ein medizinischer Notfall, eine Vergewaltigung oder sexueller Missbrauch vorlag (vgl. Übers. Verf., Strauss, 2014, o.S.).

3.1.4. In-vitro-Fertilisation

Israel ist weltweit eines der führendsten und fortschrittlichsten Länder in Sachen künstlicher Befruchtung. Dies ist nicht nur innerhalb von Israel von Bedeutung, sondern weltweit hat sich dadurch ein Tourismusmarkt für IVF-Behandlungen entwickelt (vgl. Übers. Verf., IVF-Israel, 2013, o.S.). Die israelische medizinische Technologie empfiehlt größtenteils die IVF – Technik und das hat auch Auswirkungen auf die Politik.

IVF und alle damit verbundenen Technologien werden kostenlos für jede israelische Frau, egal ob jüdisch oder arabisch, zur Verfügung gestellt. Bis zur Altersgrenze von 45 Jahren kann sich somit eine Frau bis zu zweimal mit einer IVF-Behandlung ihren Kinderwunsch erfüllen. Sollte dies nicht möglich sein, besteht auch die Möglichkeit einer Eizellenspende (vgl. Dachs, 2013, S.41). Es ist sogar möglich bis zu einem Alter von 51 Jahren, sich mit gespendeten Eizellen einer IVF zu unterziehen. Die staatliche Finanzierung gilt uneingeschränkt für alle Frauen, egal ob sie in einer Partnerschaft leben und egal wie viele Kinder eine Frau schon hat (vgl. Übers. Verf., Birenbaum-Cameli/Dirnfeld, 2008, S. 184). Eine Samenspende kommt den alleinstehenden und lesbischen Frauen, sowie auch Homosexuellen zu Gute. In diesem Zusammenhang ist es interessant zu wissen, dass im März 2009 ein Gericht zwei Männern, die per Eizellenspende und Leihmutter in Indien einen Sohn bekommen hatten, Mutterschaftsurlaub gewährte (vgl. Dachs, 2013, S.42 f.).

3.2. Statistiken über Familienplanung

Nachdem die rechtlichen Grundlagen und die religiösen Einstellungen betrachtet wurden, sollen im folgenden Abschnitt Themen wie Familienstrukturen, Ehe, Geburten und Verhütungsmethoden, Abtreibungen und In-Vitro-Fertilisationen statistisch näher betrachtet werden. Dies ist nützlich um einen praktischen und lebensnahen Einblick zu erhalten.

3.2.1. Familienstrukturen

Laut dem „Central Bureau of Statistic" gab es im Jahr 2013 etwa 1,9 Millionen Familien in Israel. Die durchschnittliche Familiengröße betrug 3,7 Personen. Etwa sechs Prozent aller Familien waren alleinerziehende Mütter mit Kindern bis zu 17 Jahren, welche vorher nicht verheiratet waren (vgl. Übers. Verf., Central Bureau of Statistic, 2013, S.1). Etwa 80 Prozent der Haushalte waren jüdischer Abstammung und circa 17 Prozent Araber_innen (vgl. Übers. Verf., ebd., 2013, S.2). Über 2,5 Millionen Kinder, bis zu 17 Jahren, haben in Israel in Familien gelebt. Die meisten lebten mit zwei Elternteilen zusammen. Prozentual gesehen war der Durschnitt von Familien, welche vier oder mehr Kinder haben, größer bei den arabischen Familien, im Vergleich zu den jüdischen Familien (vgl. Übers. Verf., ebd., 2013, S.5).

Etwa 17 Prozent, laut des Central Bureau of Statistic, bezeichneten sich im Jahr 2002 als Single (vgl. Übers. Verf., Rosenblum/Tal, 2004, S.6).

3.2.2. Ehe

Etwa 95 Prozent aller Paare sind verheiratet gewesen im Jahr 2013. Der Rest, circa 79.000 Menschen, sind zusammenlebende Paare (vgl. Übers. Verf., Central Bureau of Statistic, 2013, S.1). Es gibt derzeit keine Statistiken über Zivilehen. Wer eine Zivilehe im Ausland durchgeführt hat, wird zwar von Israel anerkannt, aber nicht religiös anerkannt. Es betrifft circa 979 Menschen, im Jahr 2003, die entweder religiös nicht anerkannt sind oder unter keiner Definition des Glaubens fallen und nicht heiraten dürfen (vgl. Übers. Verf., Rosenblum/ Tal, 2004, S. 35ff.).

Eine nichteheliche Partnerschaft (Common Law Partnerships) wird bei den jungen Menschen immer beliebter. Im Jahr 2013 waren es etwa 79.000 Personen, davon die meisten Jüdische Paare. Davon sind die meisten Paare, etwa 66 Prozent kinderlos (vgl. Übers. Verf., Central Bureau of Statistic, 2013, S.6f.). Auch wenn es viele unverheiratete Partnerschaften gibt, werden diese vom Innenministerium nicht registriert, und der persönliche Status einer Person bleibt Single (vgl. Übers. Verf. Rosenblum, 2015, o.S.).

3.2.3. Geburten

Die Geburtenrate der Gesamtbevölkerung lag im Jahr 2013 bei 3,03 (vgl. Übers. Verf., Central Bureau of Statistic, 2015a, S.1). Insgesamt wurden in dem Jahr 171.444 Kinder geboren. Im Vergleich zu den Jahren 2002 – 2012 sind damit die Geburten leicht gestiegen (vgl. Übers. Verf., ebd., 2015a, S.1). Die Zahl der säkularen jüdischen Familien, die sich für ein viertes Kind entscheiden, nimmt laut Statistik zu (vgl. Dachs, 2013, S.39).

Die Geburtenrate von Ultra-Orthodoxen Frauen stieg von 6 Kindern (1980) auf 7,5 in den 1990´er Jahren. Prognosen zu Folge, wird diese Bevölkerungsschicht im Jahr 2025 eine Million Menschen erreichen (vgl. Übers. Verf., Rosenblum/ Tal, 2004, S. 15).

Die höchste Geburtenrate der arabischen Israelis haben die Muslimas mit 3,35 im Jahr 2013, gefolgt von den Jüdinnen mit 3,03 und den Drusen (2,21) und Christen (2,13) (vgl. Übers. Verf., Central Bureau of Statistic, 2015b, S.1 f.). Jedes vierte Kind in Israel im Jahr 2002 ist ein_e arabische_r Israeli (vgl. Übers. Verf., Rosenblum/Tal, 2004, S.20). Die arabische Bevölkerung nimmt demnach immer mehr zu. Ministerpräsident Netanjahu hat dies 2003 mit dem Stichwort

„demografische Bedrohung" (Übers. Verf., Allon/Benn, 2013, o.S.) kommentiert, er befürchtet, dass die arabische Bevölkerung die jüdische Bevölkerung als Bevölkerungsmehrheit ablöst (vgl. Übers. Verf., ebd., 2003, o.S.).

Aufgrund der nicht erlaubten Zivilehen und nicht ehelichen Partnerschaften hatten im Jahr 2002 insgesamt 68.000 Kinder keinen religiösen Status. Etwa 29 Prozent davon waren Kinder von Gastarbeiter_innen. Das sind oft Kinder, bei denen der Status der Eltern nicht geklärt ist oder Paare mit vermischten Nationalitäten wie zum Beispiel Israelische Araber_innen und Palästinenser_innen (vgl. Übers. Verf., Rosenblum/Tal, 2004, S.19).

3.2.4. Verhütung

Die United Nations mit dem Department of Economic and Social Affairs veröffentlicht jedes Jahr einen Bericht über den weltweiten Gebrauch von Empfängnisverhütungsmitteln. Israel ist bei den Statistiken im Jahre 2013 und 2014 mit den veralteten Jahreszahlenangaben von 1987 und 1988 dabei. Weltweit wurden verheiratete oder in einer Partnerschaft lebende Frauen im gebärfähigen Alter befragt, ob Sie Verhütungsmittel nutzen. Auch wurde nach traditionellen (zum Beispiel Zyklusrhythmus, vorzeitiges rausziehen) und modernen (zum Beispiel Pille, Kondom, 3-Monatsspritze) Verhütungsmitteln gefragt. In Israel nutzten Frauen zwischen 18 und 39 Jahren rund 68 Prozent eine Verhütungsmethode. Davon waren 51,9 Prozent eine moderne Methode und 16 Prozent traditionell. Laut Statistik gab es keine Sterilisation und keine 3-Monatsspritzen in Israel. Am häufigsten wurde die Spirale (30%) (IUD) genutzt, danach kommt die Pille (13%) und dann das vorzeitige herausziehen des Penis kurz vor der Ejakulation (11%) (vgl. Übers. Verf., U.N. Department of Economic and Social Affairs, 2014, S.1). Dass diese Daten nicht mehr aktuell sind, zeigt eine Umfrage der „Israel Association for the Advancement of Women´s Health"(2003). Damit war die Pille das am häufigsten verwendete Verhütungsmittel unter den jüdischen Frauen im Alter von 25 bis 44 Jahren. Insgesamt verwendeten 26 Prozent der Frauen die Pille und weitere 18 Prozent die Spirale. Die Hälfte der Frauen gab an, keine Verhütungsmittel zu nutzen. Bei religiösen Frauen, welche sich selbst als religiös einschätzen, war die Verwendung von Verhütungsmitteln am geringsten (vgl. Übers. Verf., Ashkenazi/ Gross, 2003, o.S.).

3.2.5. Abtreibung

Bis in den 1970er Jahren gab es keine klaren Regelungen für eine Abtreibung. Laut aktuellen Rechts sind Abtreibungen möglich, stellen aber eine Ausnahme in Israel dar und müssen die Zustimmung eines „Pregnancy Committee" haben (siehe 3.1.3). Im Jahr 2012 wurden insgesamt 18.822 Anträge bei dem Committee eingereicht. In etwa 98.8 Prozent der Fälle wurde eine Zustimmung erteilt. Von den Antragstellerinnen waren 11,5 Prozent unter 19 Jahren. Mehr als die Hälfte (56,3%) hatte eine Schwangerschaft außerhalb der Ehe (vgl. Übers. Verf.,Central Bureau of Statistic, 2015c, S.1).

Im Vergleich zu Westeuropa ist der Anteil an Abtreibungen in Israel niedriger (vgl. Übers. Verf., Levush, 2012, S.18).

Laut einer Umfrage von „The New Family Organisation" stimmen etwa 47 Prozent Israelis gegen eine Abtreibung und circa 53 Prozent unterstützen eine Abtreibung (vgl. Übers. Verf., Rosenblum/Thal, 2004, S.60).

3.2.6. In-vitro-Fertilität

In Israel gab es 2003 insgesamt 22 IVF-Kliniken in denen eine Behandlung per künstlicher Befruchtung möglich ist (vgl. Übers. Verf., Birenbaum-Cameli, 2008, S.185). Im Jahr 2010 sind 4 Prozent der Kinder via IVF geboren. Damit hat Israel die höchste Geburtenrate via IVF und den größten Anteil an Behandlungszyklen weltweit (vgl. Übers. Verf., IVF-Israel, 2015, o.S.). Im Jahr 2003 gab es in Israel 22.449 Behandlungszyklen (vgl. Übers. Verf., ebd., 2008, S.184). Erfolgsraten für die einzelnen IVF-Kliniken werden vom Gesundheitsministerium gesammelt, sind aber nicht für die Öffentlichkeit zugänglich gemacht. Die praktizierenden Ärzte zitieren einen Gesamtwert von 16 bis 20 Prozent "Take-Home-baby" pro Behandlungszyklus (vgl. Übers. Verf., Kahn, 2002, S.152 f).

Oft werden in den Medien und Büchern die möglichen negativen Konsequenzen einer IVF Behandlung nicht berücksichtigt. Aber laut einiger Untersuchungen ist der Anteil der Mehrlingsgeburten ab dem Alter von 45 Jahren dramatisch gestiegen. Und das Mutterschaftsbild hat sich in den letzten Jahren in der israelischen Gesellschaft aufgrund der unbegrenzten Möglichkeiten einer Mutterschaft stark verändert. „Die kollektive Vorstellung von Mutterschaft macht es schwierig, wenn nicht sogar unmöglich für Frauen, sich von der Rolle im häuslichen Bereich" (Übers.Verf., Lindsay, 2012, S.1). und als „Mutter der Nation" (Übers.Verf., Herzog, 1998, S.63) zu befreien.

3.3. Öffentliche Meinungen zum Thema Familienplanung

Um einen Teil der Meinungen der israelischen Bevölkerung wieder zu spiegeln werden einige Gedächtnisprotokolle der Autorin aus dem Jahr 2014 und Interviews, welche per E-Mail 2015 durchgeführt wurden sind, mit integriert. Einige Interviewte kennt die Autorin persönlich. Die arabische Palästinenserin L. S. hat die Autorin 2015 bei einem Workshop „The effect of the Palestinian-Israeli conflict on woman" in Berlin kennengelernt. Die Interviewten Personen sind damit einverstanden, dass Name und statistische Daten in der vorliegenden Arbeit anonym verwendet werden dürfen.

Laut einem/einer Mitarbeiter_in von „Open Door" gibt es zwei Gründe für ein Geburtenwachstum in Israel. Erstens hat die Religion einen sehr großen Einfluss auf Frauen und Familien in Israel. Das wichtigste Gebot im Judentum „seid fruchtbar und mehret euch" (Gen 9,7) bildet die Grundlage dafür, dass viele Kinder vom Staat gewollt sind. Eine Selbstbestimmung über die Familienplanung ist daher nicht immer gegeben. Auch sind nicht immer Verhütungsmethoden aus folgenden Gründen möglich: sozioökonomischer Status, Scham, Stigmatisierung und kulturelle Barrieren. Zweitens ist eine pro-natalistische Gesellschaft aus dem nationalen Konflikt zwischen Israelis und Palästinensern entstanden. Er bezeichnet es als "the national womb". Es gibt eine demografische Bedrohung der jüdischen Mehrheit und um diese Bedrohung zu überwinden, ist eine Taktik, viele Kinder zu haben (vgl. Übers. Verf., S.A., 2015, Anhang A).

Ein/e Mitarbeiter_in von „Just One Life" hebt dagegen die staatliche Großzügigkeit im Zusammenhang mit Familie und Reproduktion positiv hervor. Diese pro-natalistische Politik erfüllt sie zugleich mit Stolz. „Stolz, ein Teil eines Landes zu sein, welches sich die Familienförderung als oberste Priorität gesetzt hat" (Übers. Verf., M.G., 2015, Anhang A). „Just One Life" bietet Schwangerschaftskonfliktberatungen an, welche sich aber nicht an den Richtlinien der IPPF Charta von 1995 orientieren (vgl. Übers. Verf., M.G., 2015, Anhang A). Die Organisation unterstützt „Mütter in Israel, welche ihre Schwangerschaft fortsetzen möchten und bewusst Kinder wünschen" (Übers. Verf., Just One Life, 2015, o.S.).   Auffallend war bei den Interviews die einheitliche Wahrnehmung darüber, dass die Politik Israels pro-natalistisch eingestellt ist. Als Gründe dafür gaben die Interviewten Folgendes an:

- die kostenlose medizinische Versorgung von Kleinkindern und Babys,
- die Möglichkeit Unfruchtbarkeit kostenlos behandeln zu lassen (bis zu zweimal pro Frau),
- Kindergeld,
- Unterstützung von einigen Arbeitgeber/innen (zum Beispiel ein Auto „als Belohnung" für das 4.Kind),
- einige NGO´s werden vom Staat gefördert, welche eine „pro-Kind" Haltung aufweisen (vgl. Übers. Verf., S.A./M.G./ L.M.S./ M.C./ L.S., 2015, Anhang A).

Kinderreichtum sichert zudem eine positive Anerkennung in der Gesellschaft. Wohl hingegen Frauen ohne Kinder eher bemitleidet werden (vgl. Übers. Verf., L.S./M.C./L.M.S., 2015, Anhang A). Zwei Frauen berichten zudem davon, dass Familienmitglieder einen hohen Druck ausübten in Bezug auf heiraten und der Gründung einer Familie (vgl. Übers. Verf., L.S./M.C., 2015, Anhang A). Der Zugang zu Verhütungsmitteln war bei allen befragten Frauen möglich (vgl. Übers. Verf., L.S./M.C./L.M.S., 2015, Anhang A). Wobei hier auch die Familie und die Religion einen Einfluss ausüben können (vgl. Übers. Verf., L.S./M.C., 2015, Anhang A). Bei der Frage nach der Nutzung von kostenlosen IVF-Behandlungen in Israel gab es Differenzen. Eine junge Frau antwortete, dass sie es gut findet, dass Frauen zwei kostenlose Behandlungen erhalten (vgl. Übers. Verf., L.M.S., 2015, Anhang A). Dagegen betrachten zwei ältere Frauen dies eher kritisch, mit dem Hintergrund, dass selten über Risiken oder Schmerzen gesprochen wird. Zudem wird oftmals nur positiv über diese Behandlungen in den Medien berichtet. Derzeit bevorzugen israelische Frauen diese Methode der Unfruchtbarkeitsbehandlung gegenüber anderen Methoden (vgl. Übers. Verf., L.S./M.C., 2015, Anhang A). Die Ergebnisse der Interviews stimmen auch mit den Erfahrungen und Begegnungen der Autorin überein. Die Nachfrage nach dem Ehering und den eigenen Kindern war fast in jedem Gespräch vorhanden. Zudem war es der Autorin bei einer ultra-orthodoxen jüdischen Familie nicht möglich bei der abendlichen Zeremonie vom „Pessach" – Fest teilzunehmen, da sie nicht verheiratet war. Bein den täglichen Gebeten vor dem Essen, wurde unter anderem auch für die Autorin gebetet. Laut Übersetzung der Anwesenden Personen ging es darum, dass die Autorin bald einen Mann findet, heiratet und hoffentlich viele Kinder bekommen wird. Bei einigen Gesprächen mit einer jungen ultra-orthodoxen Frau erfuhr die Autorin einige private Einstellungen. So berichtete ihr die Tochter der Familie, dass sie nach dem Sex mit ihrem Freund immer betet um nicht schwanger zu werden. Sie verwendet keine Verhütungsmittel, da es ihre Religion nicht erlaubt (vgl. Gedächtnisprotokoll, 2014, Anhang B).

4. Diskussion

Diese Bachelorarbeit war von der Frage *„Welche Haltung nehmen sowohl Staat als auch Religion im Hinblick auf Familienplanung ein?"* geleitet. Es wurden die religiösen, öffentlichen und staatlichen Einstellungen zu den Themen der Ehe, Schwangerschaften, Abtreibungen, Geburtenregulation und künstlicher Befruchtung betrachtet. Ebenso wurden die Gesundheits- und Familienpolitik, sowie das Religionsrecht mit einbezogen. Im nun folgenden Diskussionsteil erfolgt eine Interpretation und Reflexion der erlangten Erkenntnisse der vorliegenden Arbeit. Außerdem erfolgt ein Ausblick auf mögliche zukünftige Forschungsarbeiten in diesem Bereich und offen gebliebene Fragestellungen.

4.1. Beantwortung der Fragestellung

Zusammenfassend bleibt festzuhalten, dass der Staat Israel nach seiner Gründung zwei Ziele verfolgt hat. Einerseits die militärische und technische Überlegenheit gegenüber den Palästinenser_innen in Palästina und im Gaza Streifen, sowie den arabischen Nachbarländern. Zweitens die Bemühungen einer Familien- und Sozialpolitik, welche das „jüdische Volk" vermehrt und vergrößert. Ziel war es, dass jüdische Mütter viele Kinder „produzieren" um den sogenannten „demografischen Holocaust" des „Nazi-Holocaust" zu „kompensieren" (vgl. Yuval-Davis, 2013, o.S.). Diese gedachte „Notwendigkeit" der jüdischen Mehrheit ist auch einer der vier Eckpfeiler des jüdischen Zionismus, welcher bis in die 1970er Jahre einen großen Einfluss hatte (vgl. ebd., 2013, o.S.). Auch heute ist der moderne Zionismus vorhanden. Dieser ist unter anderem geprägt von dem Stolz auf das eigene Land, der Sicherung des jüdisches Volkes weltweit und der Existenzsicherung Israels (vgl. Guttmann, 2008, o.S.). In Israels Familien-und Sozialpolitik war der pro-natalistische Ansatz immer damit verbunden, die Geburtenzahl zu erhöhen, jedoch nur für eine bestimmte ethnische oder auch nationale Gruppe. So wurden bei den „Veterans Child Allowance Scheme" Zahlungen im Jahr 1970 die in Israel lebenden Palästinenser_innen ausgeschlossen (vgl. Übers. Verf., King, 2000, S.308 f.). Die Frage ist, ob pro-natalistische Maßnahmen, welche explizit nur eine Gruppe fördern, in einer modernen Demokratie aufrechterhalten werden können (vgl. Übers. Verf., King, 2000, S. 319). Zu erwähnen ist noch die IPPF Charta von 2009, welche das Grundrecht der Familienplanung ausführlich beschreibt. Derzeit richtet sich nur eine einzige NGO, „Open Door", nach dieser Charta (vgl. Übers. Verf., S.A., 2015, S.1).

Spätestens seit der Möglichkeit sich via moderner Biomedizin fortpflanzen zu können, ist der pro-natalistische Ansatz allen Bürger_innen in Israel gewidmet. Der Staat bietet eine flächendeckende Gesundheitsversorgung aus dem Kontinuum von Familienplanung durch Geburtenförderung. Ein Großteil der reproduktiven Gesundheit wird von der Regierung und durch Gesundheitsfonds finanziert (vgl. Übers. Verf., Levush, 2012, S. 1 f.)

Dies wird auch durch die Rechtsvorschriften für In-Vitro-Fertilisation, Eizellen-Extraktion, die Verwendung von Sperma für die IVF-Befruchtung, die Eizellenspende und die Erlaubnis von Leihmutterschaftsverträgen sichtbar. Diese assistierte Reproduktion (ART) wird unterstützt unter Wahrung von religiösen und kulturellen Gegebenheiten. Der Oberste Gerichtshof hat in Israel das Recht einer Person, sich fortzupflanzen, anerkannt, auch dass eine Mutterschaft der Vaterschaft überlegen ist. Umso widersprüchlicher ist es, dass es in Israel kein Recht auf die volle Autonomie als Frau gibt, sondern die Frau öfters nur in der Rolle als Mutter anerkannt wird. Sichtbar wird das bei dem Beispiel von Schwangerschaftsabbrüchen, diese lassen sich vor einem Komitee nur unter bestimmten Umständen begründen (vgl. Übers. Verf., Levush, 2012, S.1). Zu erwähnen ist auch die Problematik der nicht anerkannten Zivilehen und „religiösen Mischehen“, sowie die Ausgrenzungen von Singles (vgl. Übers. Verf., Rosenblum/ Tal, 2004, S. 35ff.).

Bei den gesetzlichen Gegebenheiten wurde auch das Religionsrecht untersucht. In Israel gibt es laut Religionsgesetz keine Staatsreligion. Aber die Tatsache, dass Israel ein jüdischer Staat ist, bevorzugt einerseits das Judentum als Religionsgemeinschaft und ist somit dem Staat näher gestellt (vgl. Günzel, 2008, S.6 f.). Die Religion hat laut einigen Forschungen von Friedlander, Shamir, Airan und Goldscheider einen Einfluss auf die Zahl der Kinder (Übers. Verf., Friedlander/Goldscheider, 1978, S.230) und Lebensweise (Übers. Verf. Shamir/Arian, 1999, S.276). Knapp die Hälfte der jüdischen Menschen in Israel schätzen sich im Jahre 2009 als „nicht-religiös/weltlich“, etwa 13 Prozent als „traditionell religiös“ und 12 Prozent als „religiös“ ein. Trotz der geringeren Anzahl der sich selbstbezeichneten „religiösen“ Menschen gibt es tiefe Meinungsverschiedenheiten zwischen dem säkularen Judentum und den acht Prozent der Ultra-Orthodoxen Juden (vgl. Übers. Verf., Bystrov, 2012, S.7). In der muslimischen Bevölkerung bezeichnen sich dagegen etwa die Hälfte als „religiös“ und etwa 49 Prozent als „nicht so religiös“ und „nicht religiös“ (vgl. Übers. Verf., Bystrov, 2012, S.7).   Der persönliche Wunsch nach Mutterschaft und Elternschaft scheint tief in den zwei genannten Religionen,

Kulturen, sozialen Normen und Traditionen verwurzelt zu sein. Kinder zu haben gilt als ein grundlegendes Menschenrecht auf der Grundlage der religiösen jüdischen und islamischen Quellen (vgl. Übers. Verf., Levush, 2012, S. 5 f.). In der jüdischen Kultur ist Mutterschaft tief verwurzelt aufgrund der historischen Verfolgung der Juden in der Diaspora und dem Völkermord an Juden. Der Verlust von Menschenleben (auf beiden Seiten) in den anhaltenden arabisch-israelischen Konflikten führt zu einer dauerhaften Bedrohung und motiviert Einzelpersonen und Familien, Kinder zu gebären. Durch großzügiges staatliches Engagement in der Fortpflanzungspolitik, hat sich Israel zu einem Land entwickelt, welches die meisten IVF-Behandlungen in der Welt durchführt. Die routinierte Verfügbarkeit der IVF-Behandlungen ist durchaus als „wertbeladen" zu sehen. IVF-Behandlungen gelten als das Heilmittel schlechthin gegen Unfruchtbarkeit. Dies sendet den Frauen und Männern das Signal, das „Unfruchtbarkeit" ein „Fehler ihres Körpers" und mit IVF-Behandlungen heilbar ist (vgl. Übersetz. Verf., Birenbaum-Cameli, 2008, S. 184).

Familie und religiöse Tradition sind eines der Statussymbole in Israel, welche besonders Frauen und deren Familienplanung beeinflusst. Dies spiegelt sich auch in den Umfragen und Statistiken wieder. Merkmale dafür sind:

eine hohe Quote an Ehen (fast 95 Prozent aller Paare sind im Jahr 2013 verheiratet gewesen (vgl. Übers. Verf., Central Bureau of Statistic, 2013, S.1)).

eine hohe Geburtenrate (die Geburtenrate lag im Jahr 2013 bei 3,03 (vgl. Übers. Verf., Central Bureau of Statistic, 2015a, S.1)).

eine geringe Benutzung von Geburtenregulatoren (die Hälfte der Frauen einer Umfrage gaben an, keine Verhütungsmittel zu nutzen. Bei religiösen Frauen, welche sich selbst als religiös einschätzen, war die Verwendung von Verhütungsmitteln am geringsten (vgl. Übers. Verf., Ashkenazi/ Gross, 2003, o.S.)).

eine geringe Kinderlosigkeit (im Jahr 2009 waren 7% der Frauen vor dem Geburtsjahr 1959 kinderlos (vgl. Dachs, 2013, S.39)).

Familialismus und Zuneigung zu Kindern sind also einerseits ein Zeichen der tiefen Verbundenheit mit der jeweiligen Religion, sowie Tradition und von sozialen Normen abhängig. Andererseits wird dies von der israelischen Politik mit Maßnahmen einer pro-natalistischen Haltung im Hinblick auf Reproduktion und Geburtenförderung unterstützt. Die öffentlichen Meinungen darüber gehen weit auseinander. Zum Beispiel kritisiert „Open Door" die pro-natalistische Politik als Taktik, welche das Wachstum der Bevölkerung, insbesondere jüdische Bürger_innen, fördern und den Fortbestand Israels gewährleisten sollen. Insbesondere auch in den kriegerischen Auseinandersetzungen (vgl. Übers- Verf., S.A., 2015, S.1 f.). Hingegen zum Beispiel „Just One Life" die Finanzierung der Familie und der künstlichen Befruchtungen begrüßt (vgl. Übers.Verf., M.G., 2015, S.1 f.). „Open Door" setzt sich mit der Mitgliedschaft bei der IPPF dafür ein, allen Frauen und Männern welche in Israel leben einen Zugang zu sexuellen und reproduktiven Rechten zu gewährleisten (vgl. Übers. Verf., S.A., 2015, S.1 f.). Während in dieser Einrichtung gezielt gegen Stigmatisierung und Diskriminierung vorgegangen wird, spielen für viele andere NGO´s in Israel die IPPF Charta von 1995 keine Rolle, wie zum Beispiel für die Organisation „Efrat" (vgl. Übers.Verf., M.G., 2015, S.1 f.).

Dass Kinder und Familie für viele Menschen in Israel sehr wichtig sind bestätigt eine junge Frau aus Tel Aviv. Frauen und Männer, welche „keine Kinder haben sind selten zu sehen und sind eher sehr bedauernswert" (Übers. Verf., L.M.S., 2015, S.1). Dies erfuhr die Autorin auch persönlich. Bei einem längeren Aufenthalt in einer Ultra-orthodoxen jüdischen Familie wurde nicht nur für die Autorin gebetet, dass sie bald heiratet und Kinder bekommt, sondern auch darauf aufmerksam gemacht, dass die Autorin ohne Ehering nicht an allen traditionellen Feierlichkeiten teilnehmen kann (vgl. Gedächtnisprotokoll, 2014, Anhang B). Der Zugang zu Verhütungsmitteln war bei allen Interviewten Frauen vorhanden. Jedoch erfuhr die Autorin auch, dass eine junge jüdische Frau, nach dem Sex zu Gott gebetet hat, um nicht schwanger zu werden. Laut ihrer Auslegung der Religion sind Verhütungsmittel nicht erlaubt (vgl. Gedächtnisprotokoll, 2014, Anhang B). Einig waren sich die Interviewten Frauen darüber, dass der Staat Israel eine pro-natalistische Haltung einnimmt. Sie begründeten dies mit dem kostenlosen Zugang zur medizinischen Versorgung von Kleinkindern und Babys, der kostenlosen Möglichkeit mit Hilfe von IVF-Behandlungen schwanger zu werden (bis zu zweimal), dem Kindergeld, der materiellen Unterstützung einiger Arbeitgeber/innen und der staatlichen Förderung von NGO´s, welche eine „Pro-Kind" Haltung befürworten (vgl. Übers. Verf., S:A./ M.G./ L.M.A./ M.C./ L.S., 2015, Anhang A).

Reproduktive und sexuelle Menschenrechte in Israel sind demzufolge nur bedingt gegeben. Das Sexualleben und die individuelle Familienplanung sind von Religion, Tradition und der Politik beeinflusst. Hervorzuheben ist besonders der Druck auf Frauen. Ein selbstbestimmtes Verhalten in Hinblick auf Abtreibung und Verhütungsmittel sind nicht immer gegeben.

4.2. Ausblick

Trotz der vorhandenen Literatur für das Forschungsthema mangelt es an weiteren Studien, Statistiken, Büchern und Forschungsarbeiten. Es fehlen aktuelle Daten über die Verbreitung von Verhütungsmitteln und deren Zugang, sowie über die politischen Auswirkungen einer pro-natalistischen Haltung eines Staates. Außerdem gibt es keine konkreten Aussagen über die Auswirkungen des israelisch-palästinensischen Konfliktes auf israelische und palästinensische Frauen.

Des Weiteren erschwert die Komplexität des Themas der Familienplanung in Israel die Untersuchungen. Es bestehen vielfältige Einflussfaktoren und vorherrschende Konstrukte. In diesem Zusammenhang ist es wichtig in Zukunft die soziodemographischen, religiösen, ethnischen und nationalen Bedingungen mit einzubeziehen.

Perspektivisch gesehen ist der Forschungsstand auch abhängig von den politischen Gegebenheiten, rechtlichen Vorschriften und dem Einfluss von religiösen Autoritäten. Solange Diskriminierungen, Ungleichheiten und gezielte Ausgrenzungen in dem politischen und alltäglichen Leben Zuwachs finden, wird den Menschen in Hinblick auf Familienplanung keine Autonomie zugesprochen.

Letztendlich werden auch bewusst „politische Maßnahmen" in Israel eingesetzt, um das jüdische Volk zu erhalten. Eine friedliche Lösung des israelisch-palästinensischen Konfliktes ist daher unumgänglich. Abzuwarten bleibt, wie sich die geplanten Kürzungen des Kindergeldes in Israel auswirken werden (vgl. Zeit Online, 2013, o.S.).

Abgesehen davon soll diese vorliegende Arbeit die staatliche Finanzierung von Fruchtbarkeitsbehandlung oder eine pro-natalistische Haltung nur kritisieren. Vielmehr soll die Aufmerksamkeit auf die Betrachtungen der unterschiedlichen Facetten, Risiken und Auswirkungen gelenkt werden. Damit Menschen in Israel, besonders Frauen, selbstbestimmt über ihre Sexualität und ihren Kinderwunsch entscheiden können ohne politischen oder religiösen Zwang.

Literaturverzeichnis

Alexander, Nicole (2013): Theodor Herzl und der Zionismus – eine Vision wird Wirklichkeit. S. 13 – 14. In: Dachs, Gisela (Hrsg.) (2013): Israel kurzgefasst. Bundeszentrale für politische Bildung. Bonn: Druckerei Plump

Alon, Gideon/ Benn, Aluf (2003): Netanyahu: Israel's Arabs Are the Real Demographic Threat. Online In: Haaretz. 18.12.2003. URL:www.haaretz.com/print-edition/ news/ netanyahu-israel-s-arabs-are-the-real-demographic-threat-1.109045 [Zugriff 10.11.2015]

Ashkenazi, Yael/ Gross, Revital (2003): The State of Women's Health in Israel. JDC-Brookdale Institute. La-Briut (Hrsg): Israel Association for the Advancement of Women's Health. URL: www.la-briut.org.il/english/article/?id=24393823d0b0c483e79d392c1dfdcfe1& did=15 [Zugriff 05.11.2015]

Auswärtige Amt (2015): Israel. Aktualisierungsdatum: Mai 2005. URL: http://www.auswaertiges-amt.de/DE/Aussenpolitik/Laender/Laenderinfos/01-Nodes_Uebersichtsseiten/Israel_node.html [Zugriff 02.11.2015]

Bartley, Julia (2011): Einfluss von sozialen Normen, Ethik und Religion auf das Verhütungs-verhalten und die Verhütungsauswahl. Abteilung für gynäkologische Endokrinologie in der Charité Universitätsmedizin. Berlin: Gesellschaft für Geburtshilfe und Gynäkologie. URL: www.gggb.de/_download/unprotected/bartley_j_soz_norm_ethik_rel_verhuetungsverhalten. pdf [Download 10.11.2015]

Ben-David, Yosef (1999): The Bedouin in Israel. Veröffentlicht: Ministry of Foreign Affairs. URL: www.mfa.gov.il/mfa/mfa-archive/1999/pages/the%20bedouin%20in%20israel.aspx [Zugriff 07.11.2015]

Berkowitz, Nitza (1999): A Woman of Valor Who Can Find? Women and Citizenship in Israel, In: Israeli Sociology 2/1 (1999), S. 277–317. Übersetzung Hebrew to Englisch by L. S. (10.11.2015)

Bibel Luther 1912 (1980): Die Bibel oder die ganze Heilige Schrift des Alten und Neuen Testaments nach der Übersetzung Martin Luthers. 4. Auflage. Berlin: Württembergische Bibelanstalt Stuttgart

Birenbaum-Cameli, Daphna (2004): Cheaper than a newcomer: on the political economy of IVF in Israel. In: Sociology of Health and Illness. 26(7)(2004): S. 897 - 924.

Birenbaum-Carmeli, Daphna/ Dirnfeld, Martha (2008): Conflict and Crisis Settings: Promoting Sexual and Reproductive Rights. In: Reproductive Health Matters (RHM) Vol. 16, No. 31 (2008), S. 182 – 191. URL: www.jstor.org/stable/25475378 [Zugriff 02.11.2015]

Brandes, Rainer (2011): „Seid fruchtbar und mehret euch". Judentum und Islam haben kaum Vorbehalte gegenüber künstlicher Befruchtung. In: Deutschlandfunk online 29.12.2011. URL: www.deutschlandfunk.de/seid-fruchtbar-und-mehret-euch.886.de.html?dram:article_id =127723 [Zugriff 11.11.2015]

Bystrov, Evgenia (2012): The second demographic transition in Israel: One for all? Demographic Research Volume 27 (2012), Article 10, S. 261 – 298. Published: Max Planck Institut for Demographic Research: Rostock. URL: www.demographic-research.org/ volumes/vol27/10/27-10.pdf [Download 27.10.2015]

Central Bureau of Statistics (2010). Social Survey 2009: Jewish Tradition Observance and Changes in Religiosity of the Jewish population in Israel. Press release 12.9.2010. www.cbs.gov.il (Retrieved 20.09.10, Hebrew).

Central Bureau of Statistics Israel (2012): Press Release: Selected Data from the New Statistical Abstract of Israel No.63 (2012). Jerusalem. URL: www1.cbs.gov.il/reader/newhodaot/hodaa_template_eng.html?hodaa=20121123 9 [Zugriff 28.10.2015]

Central Bureau of Statistics Israel (2013): Family Day – Families and Households in Israel. Press Release: Jerusalem. 17.02.2015. URL: www1.cbs.gov.il/www/hodaot2015n /11_15_039e.pdf [Download 28.10.2015]

Central Bureau of Statistic Israel (2014): Population of Israel on the eve of 2015. Press Release URL: www1.cbs.gov.il/reader/newhodaot/hodaa_template.html?hodaa=201411356 [Zugriff 28.10.2015]

Central Bureau of Statistics Israel (2015a): Live Births, by Birth Order, Population Group and Mother´s Religion. Published: 10.09.2015. URL: http://cbs.gov.il/shnaton66/st03_16.pdf [Download 29.10.2015]

Central Bureau of Statistics Israel (2015b): Fertility Rates, by Age and Religion. Published: 10.09.2015. URL: http://cbs.gov.il/shnaton66/st03_13.pdf [Download 29.10.2015]

Central Bureau of Statistics Israel (2015c): Applications to Committees for Termination of Pregnancy. URL: http://cbs.gov.il/www/publications/lidot/lidot_all_2.pdf [Download 28.10.2015]

Dachs, Gisela (2013): Israel kurzgefasst. Bundeszentrale für politische Bildung. Bonn: Druckerei Plump

DellaPergola, Sergio /May F. John/ Lynch, C. Allyson (2014): Israel's Demography Has a Unique History. In: Population Reference Bureau. URL: www.prb.org/Publications/Articles/ 2014/israel-demography.aspx [Zugriff 05.11.2015]

Dieterich, Renate (2001): Jerusalem. In: Elger, Ralf (Hrsg.) (2001): Kleines Islam-Lexikon: Geschichte, Alltag, Kultur. 3.Auflage. München: C.H. Beck.

Dreier, Horst (1988): 40 Jahre Israel – Staat ohne Verfassung? In: Universitas, Ausgabe 12 (1988). Würzburg. URL: http://www.jura.uni-wuerzburg.de/fileadmin/02160100/ Elektronische_Texte/Beitraege_14_Universitas_1988_40_Jahre_Israel_- _Staat_ohne_ Verfassung.pdf [Download 25.10.2015]

ECEC (European Consortium for Emergency Contraception) (2015): Israel. URL: www.ec-ec.org/emergency-contraception-in-europe/country-by-country-information-2/israel/ [Zugriff 20.11.2015]

Eldar, Yishai (2014): Die christlichen Gemeinschaften in Israel. URL: http://www.israel-tourismus.de/reisen/christen.htm [Zugriff 18.11.2015]

Elis, Niv (2014): On eve of 2015, Israel's population hits 8.3 million. In: Jerusalem Post, online 03.12.2014. URL: www.jpost.com/Israel-News/Culture/On-eve-of-2015-Israels-population-hits-83-million-386178 [Zugriff 20.10.2015]

Friedlander, Dov. /Goldscheider, Calvin. (1978). Immigration, Social Change and Cohort Fertility in Israel. Population Studies 32(2): S. 299-317.

Guttmann, Robert (2008): Ist die Idee des Zionismus heute noch aktuell? Noch viel zu tun. In. Jüdische Allgemeine online 15.05.2008. URL: www.juedische-allgemeine.de/article/view/ id/2866 [Zugriff 28.10.2015]

Günzel, Angelika (2008): Das aktuelle Religionsrecht Israels und der neue Verfassungs-entwurf des Parlaments. Arbeitspapier: Zur Verfügung gestellt in Kooperation mit SSG Sozialwissenschaften, USB Köln. URL:

www.ssoar.info/ssoar/bitstream/handle/document/   31700/ssoar-2008-gunzel-Das_aktuelle_Religionsrecht_Israels_und. pdf?sequence=1

Herzog, Hanah (1998): Homefront and battlefront: The status of Jewish and Palestinian women in Israel. Israel Studies, 3(1): 61-84. Jewish Agency for Israel.

Human Rights Watch (2002): Israel: Cuts in Child Allowance Discriminate Against Palestinian Arab. URL: www.hrw.org/news/2002/06/06/israel-cuts-child-allowance-discriminate-against-palestinian-arab [Zugriff 11.11.2015]

Hübsch, Hadayatullah (1997): Frauen im Islam – 55 Fragen und Antworten. Dritte Auflage. Nienburg: Betzel Verlag GmbH.

IPPF – International Planned Parenthood Federation (2013): Where we work. URL: www.ippf.org/our-work/where-we-work [Zugriff 03.11.2015]

IPPF- International Planned Parenthood Federation (2009): Sexuelle Rechte: Eine   IPPF   Erklärung.   Großbritanien.   URL: www.profamilia.de/fileadmin/publikationen/profamilia/ IPPF_Deklaration_Sexuelle_Rechte-dt2.pdf [Download 03.11.2015]

IPPF- International Planned Parenthood Federation (1997): IPPF Charta der sexuellen und reproduktiven Rechte. Herausgeber: pro familia Deutsche Gesellschaft für Familienplanung, Sexualpädagogik und Sexualberatung e. V. Bundesverband: Frankfurt   a.M.   URL: www.profamilia.de/fileadmin/profamilia/ippf_charta.pdf   [Download 03.11.2015]

IPPF- International Planned Parenthood Federation (2013): Israel. URL: www.ippf.org/our-work/where-we-work/europe/israel [Zugriff 03.11.2015]

IVF – Israel (2013): IVF Israel. URL: www.ivf-israel.com/ [Zugriff 03.11.2015]

Jestice, G. Phyllis (2004): Holy People of the World: A Cross-cultural Encyclopedia. ABC-CLIO: California.

Jiryis, Sabri (1979): The Arabs in Israel: 1973-79. In: Journal of Palestine Studies (Sum.1979), 8, Nummer 4. S. 31-56.

Just One Life (2015): Home: Welcome. URL: www.justonelife.org/ [Zugriff 14.11.2015]

Kahn, Susann M. (2002): Reproducing Jews: A cultural account of assisted conception in Israel. In: Elsevier BV by Franklin Sarah (Hrsg.): Women's Studies International Forum, Volume 25, Issue 1, S. 152 – 153.

Khoury, Adel Theodor (1993): Religionswissenschaftliche Studien 27: Einführung in die Grundlagen des Islams. Würzburg: Oros Verlag.

King, Leslie (2000): From Pronatalism to Social Welfare? Extending Family Allowances to Minority Populations in France and Israel. In: European Journal of Population (2001), Ausgabe 17. S. 305 – 322.

Küntzel, Matthias (2002): Die Nazis und der Islamismus in Palästina. In: Jungle World, Nr. 49, 27 (November 2002), S. D2 und D3. URL: www.matthiaskuentzel.de/contents/die-nazis-und-der-islamismus-in-palaestina [Zugriff 29.10.2015]

L.S. (2015): Interview geführt von der Autorin per E-Mail. 19.11.2015 (siehe Anhang A)

Levush, Ruth (2012): Israel: Reproduction and Abortion: Law and Policy. The Law Library of Congress, Global Legal Research Center. URL: www.loc.gov/law/help/il-reproduction-and-abortion/israel.php [Download 27.10.2015]

Lindsay, Rachel (2012): Gender Equality and Motherhood in Israel. Final Report: May 21st, 2012 - Modern Israel. PDF Dokument. URL: http://www.researchgate.net/publication/ 275582668 [Download 28.10.2015]

Livnat, Dr. Andreas (2008): Aus der Rubrik ʹFragʹ den Rabbiʹ: Sexuelle Bedürfnisse und deren Befriedigung. URL: www.hagalil.com/judentum/rabbi/fh-0806-2.htm [Zugriff 07.11.2015]

M.C. (2015): Interview geführt von der Autorin per E-Mail. 02.12.2015 (siehe Anhang A)

M.G. (2015): Interview geführt von der Autorin per E-Mail. 29.11.2015 (siehe Anhang A)

M.L.S. (2015): Interview geführt von der Autorin per E-Mail. 30.11.2015 (siehe Anhang A)

Maier, Johann (1988): Das Judentum. Von der biblischen Zeit bis zur Moderne. 3. Auflage. Bindlach: Gondrom Verlag.

Marx, Ansgar (2005): Familie und Recht im Judentum. URL: www.ostfalia.de/ export/sites/default/de/afb/download/berichtmarx-judentum-2005.pdf [Download 08.11.2015]

Ministry of Foreign Affairs (2002): About Israel. The Health Care System in Israel: An Historical Perspective. URL:

www.israel.org/mfa/aboutisrael/israelat50/pages/the%20health %20care%20system%20in%20israel-%20an%20historical%20pe.aspx   [Zugriff 10.11.2015]

Ministry of Health (2015a): Planned Termination of Pregnancy (Abortion). URL: www.health.gov.il/English/Topics/Pregnancy/Abortion/Pages/default.aspx [Zugriff 10.11. 2015]

Ministry of Health (2015b): Topics. Pregnancy and Childbirth. Tipat Halav - Family Health Centers. URL: www.health.gov.il/English/Topics/Pregnancy/health_centers/Pages/family_ health_centers.aspx [Zugriff 10.11.2015]

Ministry of Health (2015c): Topics. Fertility Treatments. URL: www.health.gov.il/English/Topics/fertility/ovum_preserving/Pages/ovum_prese rv.aspx [Zugriff 10.11.2015]

Moyal, Yoram (1997): Israel: Verfassungsverständnis und Verfassungsgerichtsbarkeit im internationalen Vergleich. Seminar Universität Trier WS 1996/1997. Leitung: Prof. Dr. Gerhard Robbers. URL: http://hagalil.com/israel/verfassung/israel-recht-1a.htm#3f [Zugriff 29.10.2015]

National Insurance Institute of Israel (2015): Children. URL: www.btl.gov.il/English%20 Homepage/Benefits/Children/Pages/default.aspx [Zugriff 10.11.2015]

OCHA (United Nation Office for the Coordination of Humanitarian Affairs) (2015): Humanitarian Atlas 2015: Occupied Palestinian Territory. URL: www.ochaopt.org/ documents/atlas_2015_web.pdf [Download 03.11.2015] Abbildung 2

Palästinensische Mission/ Die diplomatische Vertretung Palästinas in Deutschland (2015): Geschichte der Palästinensischen Mission. URL: http://palaestina.org/index.php?id=10 [Zugriff 26.10.2015]

Pistor-Hatam, Anja Dr. (2001): Alawiten. In: Elger, Ralf (Hrsg.) (2001): Kleines Islam-Lexikon: Geschichte, Alltag, Kultur. 3.Auflage. München: C.H. Beck.

Radbil, Avraham Rabbiner (2014): Im Zweifel für die Mutter: Wenn das Leben einer Frau bedroht ist, kann ein Schwangerschaftsabbruch erlaubt sein. In: Jüdische Allgemeine online 06.11.2014. URL: www.juedische-allgemeine.de/article/view/id/20644 [Zugriff 04.11.2015]

Reichmuth, Stefan Prof. Dr. (2001): Sunniten. In: Elger, Ralf (Hrsg.) (2001): Kleines Islam-Lexikon: Geschichte, Alltag, Kultur. 3.Auflage. München: C.H. Beck.

Rich, Tracey (2011): Kosher Sex. URL: www.jewfaq.org/sex.htm#BirthControl

Robinson, Daniel/ Kohn, Michael/ Savery Raz, Dan/ Walker, Jenny/ Lee, Jessica (2012): Israel und Palästina, 2.Auflage, Ostfildern: Mairdumont/Lonely Planet.

Rosenblum, Irit/ Tal, Eve (2004): The New Family Organization: Report on the Status of the Israeli Family 2004. Tel Aviv: Friedrich-Ebert-Stiftung e.V.

Rosenblum, Irit (2015): Common Law Marriage. URL: www.newfamily.org.il/en/common-law-marriage/ [Zugriff 01.11.2015]

Rosenthal, Gilbert S./ Homolka, Walter (1999): Das Judentum hat viele Gesichter. Die religiösen Strömungen der Gegenwart. München: Knesebeck GmbH& Co.Verlags KG

S.A. (2015): Interview geführt von der Autorin per E-Mail. 16.11. 2015 (siehe Anhang A)

Schirer, Lorry (1998): Israelisches und jüdisches Recht: Die Halakhah als lebendes Recht in Israel. Eine Auseinandersetzung mit der Arbeit von Menachem Elon. Reihe II Rechts-wissenschaft Bd./Vol. 2407. Frankfurt am Main: Peter Lang GmbH – Europäischer Verlag der Wissenschaften.

Shafferman, Karin Tamar (2008): Arab Identity in a Jewish and Democratic State. URL: http://en.idi.org.il/analysis/articles/arab-identity-in-a-jewish-and-democratic-state [Zugriff 20.11.2015]

Shamir, Michael/ Asher, Arian (1999): Collective identity and electoral competition in Israel. In: American Political Science Review 93(2): 265-277. doi:10.2307/2585395.

Siegel-Itzkovich, Judy (2006): Beyond the Pill to natural birth control. In: The Jerusalem Post, online 12.10.2006. URL: www.jpost.com/Health-and-Sci-Tech/Health/Beyond-the-Pill-to-natural-birth-control [Zugriff 04.11.2015]

Strauss, Elissa (2014): Israeli Government To Subsidize Abortion but Not Birth Control. In: The Forward Association, online 03.01.2014. URL: http://forward.com/sisterhood/190283/ israeli-government-to-subsidize-abortion-but-not-b/ [Zugriff 04.11.2015]

Stolleis, Friederike (2001): Familie. In: Elger, Ralf (Hrsg.) (2001): Kleines Islam-Lexikon: Geschichte, Alltag, Kultur. 3. Auflage. München: C.H. Beck.

Smoha, S. (2004): Jewish Ethnicity in Israel: Symbolic or real? In: Rebhun, U. and Waxman, C.I. (eds.). Jews in Israel: Contemporary Social and Cultural patterns. Hannover: Brandeis University Press

Soussan, Julian Chaim - Rabbiner (2010): Was dem Leben dient. Künstliche Befruchtung, Embryonen und PID: Das Verhältnis des Judentums zur modernen Medizin. In: Jüdische Allgemeine, online 25.11.2010. URL: www.juedische-allgemeine.de/article/view/id/9146/ page/1 [Zugriff 04.11.2015]

Swirski, Barbara (2006): Protecting Public Health in Israel. In: National Council of Jewish Woman, Nummer 6 (2006). URL: www.ncjw.org/media/PDFs/S06%20Protecting% 20Public % 20Health%20in%20Israel.pdf [Download 28.10.2015]

Teuber, Bernd (2013): Empfängnisverhütung und Religion. In: Suite101, online 04.07.2013. URL: http://suite101.de/article/empfangnisverhuetung-und-religion-a131117#.VjonwG7THsa [Zugriff 04.11.2015]

The State of Israel (2005): The Existing Basic Laws: Full Texts. URL: www.knesset.gov. il /description/eng/eng_mimshal_yesod1.htm [Zugriff 29.10.2015]

The State of Israel (2015): Basic Law: The Knesset – 1958. URL: www.knesset.gov.il/laws/ special/eng/basic2_eng.htm [Zugriff 29.10.2015]

The Jerusalem Fund (o.J.): The United Nations Partition Plan, 1947. (Hrsg.): Applied Research Institute in Jerusalem. URL: www.thejerusalemfund.org/www.thejerusalemfund.org /carryover/maps/hist_partition.html [Zugriff 27.10.2015] Abbildung 1

Tondek, Wil/ Bock, Burghard (2010): Israel und Palästina. 2. Auflage. München: Reise Know-How Verlag

Towfigh, Stephan A./ Enayati Wafa (2011): Die Bahá'í – Religion. Ein Überblick. 4. Auflage. München: Olzog Verlag GmbH

United Nations Department of Economic and Social Affairs (2014): Population Division, Fertility and Family Planning Section. World Contraceptive Use 2014. Survey-based Observations Contraceptive Prevalence by Method. URL: www.un.org/en/development/

desa/population/publications/dataset/contraception/wcu2014.shtml [Zugriff 11.11.2015]

United Nations Department of Economic and Social Affairs (2014): Population Divison, Fertility and Family Planning Section. Reproductive Health Policies 2014. URL: www.un.org/en/development/desa/population/publications/pdf/policy/Reproduct iveHealthPolicies2014_WallChart.pdf [Download 04.11.2015]

Wahrig-Burfeind, Renate (Hrsg.) (2011): Brockhaus Wahrig Deutsches Wörterbuch. Gütersloh: Wissenmedia. F.A. Brockhaus

Wolffsohn, Michael (1983): Politik in Israel: Entwicklung und Struktur des politischen Systems. Opladen: Leske Verlag und Budrich GmbH

Yuval-Davis, Nira (2013): The Jewish collectivity and national Reproduction in Israel. In: Libcom.org, online 21.11.2013. URL: http://libcom.org/library/jewish-collectivity-national-reproduction-israel-nira-yuval-davis [Zugriff 10.11.2015]

Zeit Online (2013): Israels Regierung beschließt Sparhaushalt. Veröffentlicht 14.Mai 2013. URL: http://www.zeit.de/wirtschaft/2013-05/israel-sparpaket-proteste [Zugriff 25.11.2015]

Abkürzungsverzeichnis

ebd.	ebenda
f./ff.	folgend(e) (Seite/n)
HMO	Clalit Health Service
Hrsg.	Herausgeber
IPPF	International Planned Parenthood Federation
IVF	In-vitro-Fertilisation
NGO	Nichtregierungsorganisation
o.J.	ohne Jahr
o.S	ohne Seite
S.	Seite
UNO	United Nations Organization
Übers. Verf.	Übersetzung Verfasserin
vgl.	Vergleich

Anhang A: Fragebögen

1) Interview questions

Your Name: *S.A.*

Organization: *Open Door*

Date: *16/11/ 2015*

1) „Open Door" is a member of IPPF (International Planned Parenthood Federation). How important is for you the IPPF-Charta from 1995 with sexual and reproductive rights? Does your work according to the guidelines?

Yes.

The IPPF Charta is very relevant to me, for my work as a sexuality educator and a family planning advisor, as well as and for my activism. It is a guide line for everything I do with youth and young people, from a rights perspective.

2) Does „Open Door" offers consultation for family planning/ contraceptive/ pregnancy conflict consultation? If not, does any other Association offer consultations for this topics?

Open door provides sexual counseling that has to do with health relationships, gender equality, modern contraceptives and family planning methods, prevention of sexual violence, unplanned pregnancies, and sexually transmitted infections.

3) What is the main work of "Open Door"?

The main work of "Open door" is to provide age appropriate, reliable, adequate, sexuality education and counseling, for the promotion of healthy sexuality and gender equality.

4) Do you think that religion has a major influence to the people and family planning? If yes: Which religion and why?

Religion has a big effect on women and families in Israel, especially Judaism and Islam. The main commandment in Judaism is to be fruitful and multiply, which means to have a lot of children and not to use family planning methods.

The other reason Israel is a pronatalist society is the national conflict between Israelis and Palestinians. We call it "the national womb". There is a demographic threat to the Jewish majority and to overcome this threat is to have many children.

5) Do you know people, who are <u>not</u> free to decide to get married, have children, to have no children (for example civil marriage, no religious status, …)?

Israel does not have civil marriage and women cannot get divorce by their own choice. The age marriage is 18 but in the Arab community and in the ultra-orthodox community, there are child marriages. Regarding family planning, not all women have full access to modern contraceptives, because of socio-economic status, shame and stigma and cultural barriers.

6) Do you think the state politic of Israel support´s family planning?

Not enough. Most contraceptives are not in the national health basket and most OBGYN focus on fertility treatments and not family planning.

7) Do you agree that Israel has a pro-natalist policy?

If yes: Is it positive or negative or both for the people in Israel?

Yes, and I mentioned it earlier. I think it is negative.

8) Israel is worldwide number one for IVF-Treatments. Every woman in Israel has the chance to get two of free IVF-Treatments. What do you think about it?

I think we should regulate IVF treatment according to age and cycles because it costs a lot of money to our national budget and also affects women's health tremendously.

Thanks!

Name: *M.G.*

Organization: *Just One Life - Nefesh Achat B'Yisrael*

Date: *29/11/2015*

1) How important is for you the IPPF-Charta from 1995 with sexual and reproductive rights? Does your work according to the guidelines?

We are an organization that works with pregnant women in crisis. The Planned Parenthood Charter of 1995 is not relevant to the professional services we provide.

2) What is the main work of "Just one Life"?

Just One Life offers support to pregnant women in crises. We meet the client, listen to her struggles and offer therapy. Any medical questions or concerns we suggest she ask a doctor .The topic of family planning and contraception definitely comes up in many conversations, we focus on the emotional well being of our clients while helping them resolve issues in a most neutral frame of mind. We strongly believe in each woman's ability to make the best decision for her, while empowering her to check out all the options available on order for her to decide about the future of her pregnancy.

3) Do you think that religion has a major influence to the people and family planning?

If yes: Which religion and why?

Most of our clients are Jewish. Many clients decide to keep pregnancies that are untimely because they value system guides their decision.

4) Do you think it´s easy and possible for woman to get contraceptive?

It is possible to get birth control in every local pharmacy ;)

The medical insurance that every Israeli citizen is eligible for covers partial cost of effective birth control, a co-payment is necessary.

5) Do you think the state Israel support´s family planning?

The state of Israel supports family planning. High schools across the country offer sex education as well as information about birth control.

As mentioned above gynecology visits and effective contraceptive methods are covered by medical insurance.

6) Do you agree that Israel has a pro-natalist policy?

If yes: Is it positive or negative or both for you?

Israel has a pro natal policy. We offer free medical services for babies and children in well -baby clinics throughout the country. We offer women/couples who struggle with infertility, subsidized IVF treatments. I am proud to be part of a country that prioritizes the family unit.

7) Israel is worldwide number one for IVF-Treatments. Every woman in Israel has the chance to get two of free IVF-Treatments. What do you think about it?

State funded medical insurance provides infertility treatments until the couple has two children. Number of treatments is not the consideration, rather the number of children.

Thanks!

3) Interview questions

Your Name: *L.M.S.*

Age: *24*

Children: *non*

Religious status: *culturally Jewish*

Place and Date: *Israel, 30/11/2015*

1) Do you think that religion has a major influence to the people and their family planning?

defently.

If yes: Which religion and why?

both jewish and muslim people believe it is the wish of god to have as many children as possible. in the bible there is a order by god to populate the land fast. in muslim families men with more children are better respected

2) Do you know people, who are not free to decide to get married, have children, to have no children (for example civil marriage, no religious status, …)?

didn 't' understand the question...

3) Is it possible for you to get contraceptive?

yes

4) Do you know if there are some "consultations offer" for family planning, contraceptive, abortion, …?

I believe there are.

5) Do you know "Open Door" in Israel?

No.

6) Do you think the state Israel support´s family planning?

planning for as many children as possible – yes. it means – marry young.

7) Do you think it´s difficult to have no children in Israel, because the family is so important for Israeli people?

yes. I think people that do not have children are very rare, and looked at as very unfortunate.

8) (if you don´t have children) Do you like to have children?

yes.

9) Do you agree that Israel has a pro-natalist policy?

yes.

10) If yes: Is it positive or negative or both for you?

hard to say.

11) Israel is worldwide number one for IVF-Treatments. Every woman in Israel has the chance to get two of free IVF-Treatments. What do you think about it?

I think that great.

THANKS!

Your Name: *M.C.*

Age: *33*

Children: *1*

Religious status: *Jewish*

Place and Date: *Israel, 02/12/2015*

1) Do you think that religion has a major influence to the people and their family planning?

Yes, a big influence. Also family, tradition, the state and your partner.

If yes: Which religion and why?

Jewish and Muslim

The people believe in god – get many children.

2) Do you know people, who are not free to decide to get married, have children, to have no children (for example civil marriage, no religious status, …)?

I know a lot of people, who don´t have a religious status.

Also if people fall in love in some people, who are not jewish.

3) Is it possible for you to get contraceptive?

Yes. It is not always easy to talk with your gynecologist about contraceptives.

4) Do you know if there are some "consultations offer" for family planning, contraceptive, abortion, …?

I think so.

5) Do you know "Open Door" in Israel?

No.

6) Do you think the state Israel support´s family planning?

Yes. We have very good medical services for children and also special clinics for babies. The state and the media support In-vitro-Fertilization treatments. A woman gets two free treatments.

7) Do you think it´s difficult to have no children in Israel, because the family is so important for Israeli people?

Yes. I know it. When I was young, so many people and my family asked me: "what´s wrong with you?". I was 25 years old and had no children.

8) (if you don´t have children) Do you like to have children?

9) Do you agree that Israel has a pro-natalist policy?

Yes. See 6.

If yes: Is it positive or negative or both for you?

Difficult. I think it´s more negative. If you don´t like to have children.

Also there is a new interesting study from Orna Donath about „Regretting Motherhood". Motherhood is the primary identity for most Israeli women.

10) Israel is worldwide number one for IVF-Treatments. Every woman in Israel has the chance to get two of free IVF-Treatments. What do you think about it?

There are much positive information´s about IVF-Treatments, but never they tell you something about substantial risks and bad pain by the Treatment.

THANKS!

5) Interview questions

Your Name: L.S.

Age: 32

Children: no

Religious status: Arabic Islamic

Place and Date: Berlin, 19/11/2015

1) Do you think that religion has a major influence to the people and their family planning?

Yes.

If yes: Which religion and why?

I think Jewish and Muslim and also Christian, but specially in Israel.

If you look for example in the Koran, you can read about it. The family and to have children is the greatest thing. As a women, they expected from you to be harassed and to be happy about it. A part of tradition is that I should get marry with someone who will be good, not for me, but for my family. Usually woman gets married till the age of 25 or 26.

2) Do you know people, who are not free to decide to get married, have children, to have no children (for example civil marriage, no religious status, …)?

There is a division between Arabs and Israelis. In Israel, there is a lot of discrimination against woman, LTBQ and Palestinians.

Another division I see between religious and non-religious people.

3) Is it possible for you to get contraceptive?

Yes. In the past, my family didn´t want that I use contraceptive. I had to go to a "special doctor"- which my family don´t know.

4) Do you know if there are some "consultations offer" for family planning, contraceptive, abortion, …?

Yes. There are some good and some not so good NGO which offer consultations. I don't like "Efrat".

5) Do you know "Open Door" in Israel?

Yes. They make good work.

6) Do you think the state Israel support´s family planning?

Yes.

- Medical service

- Child allowance

- Free IVF-Treatment

- Some employer give presents (like a car) to woman who have more than 3 children

- Publicity (every time you see a happy family with three or for children)

- Some NGO are supporting "pro-life" and get money from the state

7) Do you think it´s difficult to have no children in Israel, because the family is so important for Israeli people?

Yes. I told you.

8) (if you don´t have children) Do you like to have children?

No.

9) Do you agree that Israel has a pro-natalist policy?

Yes.

If yes: Is it positive or negative or both for you?

Negative. The influence from the state is too "big", it's hard for woman who don't have children.

10) Israel is worldwide number one for IVF-Treatments. Every woman in Israel has the chance to get two of free IVF-Treatments. What do you think about it?

Israel is a global superpower in terms of reproductive technologies. It's almost an obligation to be a mother in Israel. Therefore, the IVF treatments were preferred by woman. Sometimes I think, some woman don't think about other opportunity. Also the public media reports only about "happy" mothers which are using IVF treatments.

THANKS!

Anhang B: Gedächtnisprotokoll

Das folgende Gedächtnisprotokoll greift einige Erlebnisse auf, welche die Autorin während ihres Aufenthaltes in Israel und Palästina erlebt hat. Der Zeitraum war vom 01.03.14 – 30.06.14. Die Gespräche waren auf Englisch.

Alle Angaben wurden nach bestem Wissen und Gewissen widergegeben.

Vorname/Name des Protokollierenden: Sophie Schurig

Vorname/Name der Gesprächspartnerin: A.H.

Datum: 15.03.2014 – 30.05.2014

Gesprächsinhalt:

Die Familie H. betreibt ein kleines BnB (Bed and Breakfast) in Israel. In den 1 1/2 Monaten Aufenthalt kümmerte ich mich um den Haushalt und um die 9 Kinder. Bei jedem koscheren Essen wird vorher gebetet, am 10.04.14 auch für mich. Die Familie wünscht sich für mich einen Mann, den ich bald heirate und lieben werde und viele Kinder. Mit 24 Jahren wäre ich schon fast zu alt für die Gründung einer Familie. Zum Pessach - Fest, dem Osterfest (Auszug aus Ägypten) gab es besondere jüdische Regeln und Traditionen. An einigen durften Frauen generell nicht teilnehmen und an einigen durfte ich, als unverheiratete Frau, nicht teilnehmen. Neu für mich war es, dass ich als „Nicht-Jude", die Tätigkeiten ausüben konnte, welche die jüdische Familie nicht tun durfte. Dies betraf jegliche Handlung wie zum Beispiel Licht ein/ausschalten, bedienen von Maschinen, den Herd ein und ausschalten,... .

A.H. kümmerte sich um den Haushalt und um die Kindererziehung für die Mädchen. Für die Erziehung der Jungen war der Ehemann zuständig.

Jeden Freitag, so erzählte mir A. am 12.04.2014, war es die Pflicht der Frau für den Mann da zu sein.

Eines ihrer Kinder, B.S. (17 Jahre), welche speziell auf eine jüdische Schule geht, erzählte mir am 20.04.2014, dass sie schon einen Freund hatte, die beiden nun aber getrennt sind. Ich fragte, ob sie auch sexuellen Kontakt hatten und ob sie verhütet hatten. Sie sagte mir, dass sie nicht verhüten kann und jedes Mal zu Gott gebetet hat, dass sie nicht schwanger wird.